新世纪报税实务系列丛书　　奚卫华　总主编

# 个人所得税报税实务

郭凤喜　奚卫华　主　编



北京大学出版社
PEKING UNIVERSITY PRESS

**图书在版编目(CIP)数据**

个人所得税报税实务/郭凤喜，奚卫华主编. —北京:北京大学出版社,2012.10
(新世纪报税实务系列丛书)
ISBN 978-7-301-21369-8

Ⅰ. ①个… Ⅱ. ①郭… ②奚… Ⅲ. ①个人所得税—税收筹划—中国—高等学校—教材 Ⅳ. ①F812.424

中国版本图书馆 CIP 数据核字(2012)第 236839 号

**书　　名:个人所得税报税实务**
著作责任者:郭凤喜　奚卫华　主编
策 划 编 辑:叶　楠
责 任 编 辑:刘誉阳
标 准 书 号:ISBN 978-7-301-21369-8/F·3366
出 版 发 行:北京大学出版社
地　　址:北京市海淀区成府路 205 号　100871
网　　址:http://www.pup.cn
电　　话:邮购部 62752015　发行部 62750672　编辑部 62752926
出版部 62754962
电 子 信 箱:em@pup.cn
印　刷　者:北京鑫海金澳胶印有限公司
经　销　者:新华书店
730 毫米×980 毫米　16 开本　14 印张　229 千字
2012 年 10 月第 1 版　2012 年 10 月第 1 次印刷
印　　数:0001—3000 册
定　　价:28.00 元

---

# 前言

随着市场经济的发展，人民收入水平的日益提高，纳税，尤其是个人所得税的缴纳，成为越来越多的居民不能回避的一件事情；在收入水平日益提高的同时，广大城乡居民收入结构发生了很大变化，收入多元化趋势更加明显，这必将增加税收征管的难度。

2006年11月6日，国家税务总局印发了关于《个人所得税自行纳税申报办法（试行）》的通知，规定了负有纳税义务的纳税人自行申报纳税的五种情形。其中“年所得12万元以上的纳税人，在纳税年度终了后3个月内向主管税务机关办理纳税申报”一条，更是引起全社会的广泛关注。该政策的出台，对培养纳税人依法诚信纳税的意识，明确法律责任，提高税法遵从度，加强对高收入者收入的调节力度，增加高收入者信息透明度，以及进一步推进个人所得税的科学化、精细化管理都有非常重要的意义，但是也对不熟悉税法的纳税人带来了一定的挑战。对于纳税人而言，如何在遵从税法的基础上，降低涉税风险，并通过合理筹划，降低个人所得税的税收负担，从而实现个人财富最大化是我们当前不能回避的一个课题。

为此我们编写了这本个人所得税普及读物。我们本着对读者高度负责的态度，用朴实的文笔、通俗易懂的语言，对各个纳税项目进行了尽可能详细的阐释，个人所得税纳税项目虽有11种，但涉及的子项目不下百种，这也让我们感觉到了税收的复杂性。我们对每一个纳税项目进行了充分的盘点。不管您是谁，不管您是哪个税目的纳税人，您基本上可以通过本书了解您的纳税事务，从本书中找到具体的解释和说明。可以说，本书起到了一部个人所得税词典和语法书的作用。

本书第一章介绍了个人所得税的基本法律规定；在此基础上，在第2章至第7章对各个税目的适用范围、应纳税所得额、应纳税额的计算、纳税申报表的填写和纳税筹划进行了辅导；最后一章介绍了税收征管的有关内容，重点介绍了年所得12万元以上的纳税申报和境外所得的纳税申报问题。本书可以作为读者学习个人所得税纳税知识的通俗读物，也可以作为高等院校公共课、选修课的教材。

我们尽我们的能力用心去写，用心去讲解那些细致的事项。为提高读者阅读兴趣，加深对税务知识的理解，我们采用案例导入式写作方法，每一章开始均以案例方式提出相关问题，启发读者思考，引导读者带着实际问题阅读，以提高阅读效率。对于容易混淆的事项，我们常常采用提问解答的方式帮您理解。为了消除您阅读中的疲劳，增加阅读中的乐趣，丰富您的纳税知识，我们增加了资料链接等内容。我们没有浮躁的心态，哪怕是一个标点符号，我们都进行仔细的斟酌。每一张纳税申报表，我们可以说是手把手地教您去填列，并尽可能多地通过举例去解释。相信这本书是您经济生活的好助手，纳税的好帮手。

我们用心写完了这本书，还希望用心与您沟通，您在个税纳税中遇到问题，可以随时与我们联系。能为您解答是我们的快乐！我们的邮箱是hbkykj－g@ sohu. com。

在本书写作过程中，我们参考了许多专家学者的文献资料，在此表示深深的谢意！受编写时间所限，书中难免有遗漏和错讹之处，恳请读者批评指正！

编　者

2012年10月

# 目录

# 第一章

# 个人所得税的基本法律规定

**【导入案例 1-1】** 中国公民常丽欣系华融公司高管。2012 年取得了下列收入：

(1) 每月工资 18 000 元。

(2) 利用业余时间为某单位进行技术咨询，取得咨询费收入 40 000 元。

(3) 5 月 23 日获得境内某上市公司派发的现金股利 10 000 元。

(4) 6 月份出版一本科研专著，获得稿酬 30 000 元。

(5) 将自己的一项专利技术提供给 A 国某企业使用，取得收入 100 000 元。

(6) 将一套自有住房出租，每月取得租金 3 500 元。

(7) 10 月 20 日将自有的三套住房中住了 8 年的一套普通住房出售，取得收入 1 760 000 元，负担了相关税费 3 000 元。该房购进价 1 250 000 元。

(8) 11 月 23 日外出就餐索要发票时，中奖 1 500 元。

(9) 11 月 28 日购买体育彩票中奖 15 000 元。

**问题：**

1. 常丽欣所获得的境内外所得是否都负有纳税义务？
2. 常丽欣的所得在缴纳个人所得税时应适用哪些个人所得税税目？

## 第一节 个人所得税概述

18 世纪美国最伟大的科学家和发明家，著名的政治家、外交家、哲学家、文学家和航海家以及美国独立战争的伟大领袖本杰明·富兰克林曾经说过“在这个世界上，只有死亡和纳税是不可避免的”，而在各国征收的各个税种中，与个人关系最为密切的莫过于个人所得税了。那么什么是个人所得税？个人所得税又是如何产生的呢？

个人所得税是以个人（自然人）取得的各项应税所得为征税对象所征收的一种税，是世界各国普遍征收的一种税，并且在经济发达国家是最重要的主体税种。

### 一、个人所得税的历史

个人所得税起源于筹措军费。世界上最早开征个人所得税的是英国。当时英国与法国交战，致使英国财政吃紧，而作为当时主要税收来源的消费税和关税都无法解决这个问题，于是有人提议向高收入者征收所得税，安全的利益战胜了金钱的利益，此提议就被通过了。然而战争一结束，认为所得税侵犯隐私和个人权利的言论就占据了上风，所得税被搁置了。直到 1842 年，英国财政部门才又一次让议会和民众承认所得税的必要性。此后个人所得税时兴时废，直至 1874 年才稳定下来。

美国征收个人所得税始于南北战争期间。1861 年南北战争爆发，为了筹集战争经费，美国联邦政府经国会批准对年所得 800 美元以上的人员开征 3% 的个人所得税，此后几经兴废，直至 1913 年后才逐步稳定下来。目前，个人所得税是美国两大税种之一。

**【资料链接 1-1】**

**美国：税法增至 5 万页**①

到 2003 年 10 月，美国联邦个人所得税开征整整 90 周年。90 年间，

① 资料来源：田文，转载自温州财政地税信息网，http：//www. wztax. gov. cn/Html/gjss/2006-08/1/ 013426510423245706083426l601. html，访问时间 2012 年 9 月 6 日。

美国联邦个人所得税法迅速“膨胀”，从1913年400页的小册子演变为2003年长达5万页的大部头的“鸿篇巨著”。税法的复杂程度也大大增加，这充分反映了美国社会经济生活的复杂程度大大增加。

1913年以前，美国宪法明文规定：“除非与当时的人口统计数字成比例，否则不能征收任何直接税。”这实际上等于禁止征收个人所得税。1913年，美国宪法第16修正案突破了这一限制，赋予国会征收个人所得税的空前权力，从而产生了1913年的个人所得税法案。当初，个人所得税法是作为关税法案的一部分引入的，法律条文只有400页。而在以后的90年中，美国的个人所得税法发生了非常大的变化，法律条文大大增加，税法变得越来越复杂。现在，美国联邦个人所得税法案已是一个长达5万页的大部头；当时个人所得税申报也是用今天仍在使用的1040税表，但当初的申报表只有3页，另外有一页介绍性附页。而今天，1040税表虽然只有2页，但后面却附有一个长达126页的介绍性小册子。

美国CCH税务咨询公司的顾问兼律师迈克·卢斯卡伯说，所得税法案复杂指数的增加，充分反映了现代经济生活的复杂性。但是所得税法的核心仍然保持着90年前的精神实质。卢斯卡伯说：“税收法案更庞大、更复杂，一方面，是因为税法所面对和处理的问题在过去90年中变得复杂了。另一方面，美国国会、国内收入局和法院在处理具体的税收法案时，也为税法增加了许多细节。即使在1913年，许多方面如保险的纳税计算就非常复杂，现在这些问题更复杂了。”

为庆祝联邦个人所得税开征90周年，CCH税务咨询公司利用这一机会，再版、发行了1913年的个人所得税法案。根据当时税法，美国联邦政府一般对个人的净收入征收1%的所得税，年收入超过50万美元的，最高税率仅为6%；规定对所有美国人的所有来源的收入征收所得税，不论其生活在哪里；在美国生活的外国侨民和非居民，只要在美国获得收入，就要缴纳所得税。

CCH公司还介绍了1913年所得税法的其他一些内容。如当时规定，个人贷款抵押利息可以进行税前扣除；纳税人已缴纳的所有的州和地方税都可以获得扣除，而现在，销售税是不能扣除的；意外损失，如火灾、风暴或海难及未被偿还的保险都可以扣除，现在也能扣除；联邦政府的债券利息是免税的，而现在税法规定，州和地方政府的债券利息是免税的；另外，如电话服务消费税，在当时是可以扣除的，而现在不能扣除了；1913 年税法对资本利得税没有特别规定，资本利得和其他收入一样纳税。

由于个人所得税具有调节收入、缓解贫富差距、促进社会稳定、增加财政收入等特征，经过两个世纪的发展，它已经成为世界各国普遍开征的一个税种，甚至是一些国家最主要的税收来源，在国际社会享有“经济内在调节器”和“社会减压阀”的美誉。

中国试行个人所得税始于清末，清政府曾草拟《所得税章程》，内含个人所得税内容，不过当时未能实行。民国初期，也曾制定个人所得税实施细则和征收办法，但也未能推行。1936 年以后，个人所得税才得以实行。解放初期，我国曾征收利息所得税，但于 1959 年停征。现行的《中华人民共和国个人所得税法》于 1980 年 9 月 10 日经第五届全国人民代表大会第三次会议通过，自 1981 年 1 月 1 日起施行。其后随着经济形势的不断发展，个人收入水平的提高，截止到 2012 年 9 月 30 日，进行过六次修正：（1）1993 年 10 月 31 日，经第八届全国人民代表大会常务委员会第四次会议进行第一次修正，规定中国居民以及非居民适用同一部个人所得税法，于 1994 年 1 月 1 日施行。（2）1999 年 8 月 30 日，经第九届全国人民代表大会常务委员会第十一次会议进行第二次修正，规定对储蓄存款利息所得征收个人所得税，于 1999 年 11 月 1 日施行。（3）2005 年 10 月 27 日，经第十届全国人民代表大会常务委员会第十八次会议进行第三次修正，规定从 2006 年 1 月 1 日起，工资、薪金所得的免征额从 800 元/月上调至 1 600 元/月。（4）2007 年 6 月 29 日，经第十届全国人民代表大会常务委员会第二十八次会议进行第四次修正，规定“对储蓄存款利息所得开征、减征、停征个人所得税及其具体办法，由国务院规定”，之后国务院决定从 2007 年 8 月 15 日开始，将储蓄存款利息所得的个人所得税税率下调至 5%；从 2008 年 10 月 9 日起，对储蓄存款利息所得暂免征收个人所得税。（5）2007 年 12 月 29 日，经第十届全国人民代表大会常务委员会第三十一次会议进行第五次修正，规定工资、薪金所得的免征额由 1 600 元/月上调至 2 000 元/月。（6）2011 年 6 月 30 日，经过第十一届全国人民代表大会常务委员会第二十一次会议进行第六次修订，规定从2011年9月1日起，工资、薪金所得的免征额从2 000元/月上调至3 500元/月。

**【资料链接1-2】**

**个人所得税法修改1年　工薪纳税者减6千万①**

记者昨天获悉，国家税务总局透露，个人所得税法修改1年来，减税效应明显。

2011年9月至2012年8月，我国个人所得税收入同比下降5.7%，工薪所得税收入同比下降10.1%，个体工商户生产、经营所得税收入同比下降13.7%。

2011年9月1日，修订后的个人所得税法开始实施。修改后的个人所得税法实施以来，从2011年10月起，全国个人所得税收入开始大幅下降，除2012年2月小幅增长4.6%外，其余10个月均呈下降态势。其中2012年1月、3月、4月、5月和8月降幅均在10%以上。2012年前8个月，我国个人所得税收入同比减少380亿元，降幅为8.4%。其中，工薪所得税同比减少381.2亿元，下降12.9%；个体工商户生产、经营所得税同比减少80亿元，下降16.7%。

据国家税务总局测算，修改后的个人所得税法实施后，申报缴纳工薪所得税的纳税人约3 000万人，比税法修改前减少约6 000万人，月收入（不含“三险一金”等）在38 600元以下的纳税人税负均有所降低。900多万个体户（含个人独资企业、合伙企业投资者）税负平均降幅40%。

## 二、个人所得税的税制模式

世界各国实行的个人所得税制度，大体上可以分为三种模式：分类所得税制、综合所得税制和混合所得税制。

1. 分类所得税制

分类所得税制是指对同一个纳税人不同类别的所得，按不同的征税方

① 资料来源：2012年9月11日《京华时报》，转载自http：//news. xinhuanet. com/finance/2012-09/11/c_ 123698224. htm。

式、不同的税率分别征税。我国目前的个人所得税制度采用分类所得税制，将个人所得分为 11 个应税项目。分类所得税制可以广泛采用源泉扣缴法，从而达到控制税源的目的；但它不能按纳税人全面的、真正的纳税能力纳税。同样的收入，来源越分散，税收负担越轻；来源越集中，税收负担越重，不太符合纳税能力原则。

2. 综合所得税制

综合所得税制是将纳税人在一定期间内的各种所得综合起来，减去各项法定减免和扣除项目的数额，就其余额按累进税率征收。英国、美国等发达国家的个人所得税采用综合所得税制。综合所得税制能够反映纳税人的综合负担能力，并考虑到个人经济情况和家庭负担等，给予减免税照顾；对总的净所得采取累进税率，可以达到调节纳税人之间所得税负担的目的，并实现一定程度上的纵向再分配。但它的课征手续繁杂，征收费用较高，且容易出现偷税，要求纳税人有较高的纳税意识和较健全的财务会计制度，要求税务机关具有较先进的税收征管制度和较高素质的税务人员。

3. 混合所得税制

混合所得税制又称分类综合所得税制或二元所得税制，既把分类所得税与综合所得税综合起来，采用并行征收制，先按纳税人的各项来源的所得分类课征，源泉扣缴，然后再综合纳税人全年各种所得额，如达到一定数额，再课以累进税率的综合所得税或附加税。瑞典、法国、日本等国家现行的个人所得税就属于这种类型。混合所得税制既体现了公平原则，又坚持了按纳税能力课税的原则，是一种适用性较强的所得税制模式。

我国今后个人所得税制度的改革方向是逐步由分类所得税制向混合所得税制转化。

## 第二节 个人所得税纳税义务人

根据《中华人民共和国个人所得税法》（以下简称《个人所得税法》）第一条的规定：

在中国境内有住所，或者无住所而在境内居住满一年的个人，以及在中国境内无住所又不居住，或者无住所而在境内居住不满一年的个人，属于个人所得税的纳税义务人（以下简称纳税人）。根据这一规定，个人所得税的纳税人包括中国公民、个体工商户、在中国境内有住所的外籍人员以及中国香港、澳门、台湾同胞。按照国际通行做法，依据住所和居住时间两个标准，可将个人所得税的纳税人区分为居民纳税人和非居民纳税人，两者承担不同的纳税义务。

## 一、居民纳税人

居民纳税人是指在中国境内有住所，或者无住所而在境内居住满一年的个人。所谓在中国境内有住所，是指因户籍、家庭、经济利益关系，而在中国境内习惯性居住。所谓在境内居住满一年，是指在一个纳税年度（即公历 1 月 1 日起至 12 月 31 日止，下同）内，在中国境内居住满 365 日。在计算居住天数时，对临时离境应视同在华居住，不扣减其在华居住的天数。这里所说的临时离境，是指在一个纳税年度内，一次不超过 30 日或者多次累计不超过 90 日的离境。

1. 现行税法中关于“中国境内”的概念，是指中国大陆地区，目前还不包括中国香港、澳门和台湾地区。

2. 在计算居住天数和工作天数时，具体规定为：

（1）对在中国境内无住所的个人，以该个人实际在华逗留天数计算。上述个人入境、离境、往返或多次往返境内外的当日，均按 1 天计算其在华实际逗留天数。

（2）对在中国境内、境外机构同时担任职务或仅在境外机构任职的境内无住所个人，对其入境、离境、往返或多次往返境内外的当日，均按半天计算其在华实际工作天数。

居民纳税人负有无限纳税义务，其所取得的应纳税所得，无论是来源于中国境内还是中国境外，都要在中国缴纳个人所得税。

**【对导入案例 1-1 的分析】**　根据上述关于个人所得税纳税人的规定，由于常丽欣是中国公民，在中国境内有住所，因此属于个人所得税的居民纳税人，应当负有无限纳税义务，即应就其来源于中国境内、境外的全部所得向中国政府缴纳个人所得税。换言之，常丽欣不仅应该就来自境内的所得缴纳我国的个人所得税，而且其来自境外的所得——将自己的一项专利技术提供给 A 国某企业使用所获得的 100 000 元收入也需要缴纳中国的个人所得税。

## 二、非居民纳税人

非居民纳税人是指“在中国境内无住所又不居住，或无住所而在境内居住不满一年的个人”。也就是说，非居民纳税人，是指习惯性居住地不在中国境内，并且不在中国境内居住，或者在一个纳税年度内，在中国境内居住不满一年的个人。

非居民纳税人承担有限纳税义务，即仅就其来源于中国境内的所得，向中国政府缴纳个人所得税。

---

**提问与思考**

美国人泰勒从2010年3月起到中国境内的某外商投资企业任职，在2011年纳税年度内，曾于5月15日至25日、8月10日至15日离境回国，向其总公司述职。2012年5月18日泰勒回美国工作。请问泰勒是中国的居民纳税人还是非居民纳税人？

**分析与回答**

1. 2010年泰勒在中国居住不满一年，所以为非居民纳税人，仅就其来源于中国境内的所得缴纳个人所得税；

2. 2011年泰勒虽两次离境，但每次离境时间未超过30天，两次离境时间合计未超过90天，因此在计算居住天数时不扣除离境天数，所以2011年泰勒为中国的居民纳税人，应就其来源于中国境内外的全部所得履行纳税义务。

3. 2012年泰勒在中国居住不满一年，所以为非居民纳税人，仅就其来源于中国境内的所得缴纳个人所得税。

---

**【资料链接1-3】**

### 居民纳税人判定标准的国际惯例

一国政府在行使税收管辖权之前，首先要明确纳税人是否属于本国居民。在国际惯例上，确定为本国居民的标准主要有3种：一是法律标准，即凡是本国的公民和有居留证明的外国侨民都属于本国居民，其他属于非居民；二是户籍标准（住所标准），即凡是在一国拥有永久性住所或习惯性住所的跨国自然人（包括该国公民和外国人）都是该国居民，没有在该国拥有住所的人则为非居民；三是时间标准，即在本国居住或停留超过（或达到）一定时间的跨国自然人（包括该国公民和外国人）为本国居民，没有达到居住时间的为非居民。对于“时间标准”，大多数国家使用“183 天”；部分国家使用“182 天”、“180 天”、“6 个月”等与此接近的标准，少数国家使用一年的标准。

## 第三节　个人所得税应税项目

我国现行的个人所得税采用分类所得税制，将应税项目分为 11 项，每个应税项目采用不同的征税方式。

### 一、工资、薪金所得

工资、薪金所得，是指个人因任职或者受雇而取得的工资、薪金、奖金、年终加薪、劳动分红、津贴、补贴以及与任职或者受雇有关的其他所得。工资、薪金所得属于非独立个人劳动所得。在实际生活中，个人与单位如果签订的是劳动合同，则个人取得的所得应该按照工资、薪金所得缴纳个人所得税。

**【对导入案例 1-1 的分析】**　常丽欣每月从华融公司取得的 18 000 元工资需要按照“工资、薪金所得”缴纳个人所得税。

### 二、个体工商户的生产、经营所得

个体工商户的生产、经营所得是指：

1. 个体工商户从事工业、手工业、建筑业、交通运输业、商业、饮食业、服务业、修理业及其他行业取得的所得。

2. 个人经政府有关部门批准，取得执照，从事办学、医疗、咨询以及其他有偿活动取得的所得。

3. 上述个体工商户和个人取得的与生产、经营有关的各项应税所得。

4. 其他个人从事个体工商业生产经营取得的所得。

个人独资企业和合伙企业投资者的生产经营所得，比照“个体工商户的生产、经营所得”应税项目，征收个人所得税。

个体工商户的生产、经营所得可分成两类：一类是纯生产、经营所得，即个人直接从事工商各业生产、经营活动而取得的生产性、经营性所得以及有关的其他所得，比如个体餐馆取得的生产经营所得；另一类是独立劳动所得，即个人所从事的由自己提供的，不受他人指定、安排和具体管理的劳动，如私人诊所的医生、私人会计师事务所的会计师等。

个体工商户和从事生产、经营的个人，取得与生产、经营活动无关的其他各项应税所得，应分别按照其他应税项目的有关规定计算征收个人所得税，不并入个体工商户的生产、经营所得。如对外投资取得的股息所得，应按“利息、股息、红利所得”税目的规定单独计征个人所得税。

---

**提问与思考**

张欣大学毕业后开了一家个体餐馆——欣欣餐厅，该餐馆2012年取得生产经营所得15万元，此外欣欣餐厅对A公司投资获得股息所得2万元。请问张欣应该如何缴纳个人所得税？

**分析与回答**

1. 张欣从餐馆取得的15万元生产经营所得按照“个体工商户的生产、经营所得”缴纳个人所得税；

2. 对A公司投资获得的2万元股息所得按照“利息、股息、红利所得”缴纳个人所得税。

---

### 三、对企事业单位的承包经营、承租经营所得

对企事业单位的承包经营、承租经营所得，是指个人承包经营、承租经营以及转包、转租取得的所得，另外还包括个人按月或者按次取得的工

资、薪金性质的所得。个人对企事业单位的承包、承租经营形式较多，分配方式也不尽相同，大体上可以分为两类：

1. 个人对企事业单位承包、承租经营后，将工商登记改变为个体工商户的。这类承包、承租经营所得，实际上属于个体工商户的生产、经营所得，应按个体工商户的生产、经营所得项目征收个人所得税，对所承包的企事业单位不再征收企业所得税。

2. 个人对企事业单位承包、承租经营后，不办理工商登记变更，工商登记仍为法人企业的，不论其分配方式如何，均应先按照《中华人民共和国企业所得税法》的有关规定缴纳企业所得税，然后由承包、承租经营者根据承包、承租合同（协议）规定取得的所得，依照《个人所得税法》的有关规定缴纳个人所得税。具体为：

（1）承包、承租人对经营成果不拥有所有权，仅按合同（协议）规定取得一定所得的，应按“工资、薪金所得”项目缴纳个人所得税。

（2）承包、承租人按合同（协议）规定只向发包方、出租人缴纳一定的费用，缴纳承包、承租费后的经营成果归承包、承租人所有的，其取得的所得，按“对企事业单位承包、承租经营所得”项目缴纳个人所得税。

---

**提问与思考**

张芳系某国有食品厂的一名职工，2012 年张芳承包了该食品厂，承包的这家食品厂的工商登记仍为企业（有限责任公司）。签订的承包合同规定“张芳每年上缴定额利润 20 万元，超额全留”。张芳在 2012 年度承包期内按合同规定缴纳 20 万元的定额利润后，取得全年承包所得 35 万元。2012 年张芳每月从食品厂领取工资 3 000 元，并按照“工资、薪金所得”向税务机关申报缴纳了个人所得税。请问张芳的做法是否正确？

假设在张芳与食品厂签订的承包合同规定“若当年实现的利润达到 50 万元以上，公司按照实现利润额的 10% 对张芳进行奖励”。2012 年度该食品厂实现利润 150 万元，为此张芳在每月 3 000 元工资的基础上获得食品厂 15 万元的奖励，张芳按照“工资、薪金所得”向税务机关申报缴纳了个人所得税。请问其做法是否正确？

**分析与回答**

1. 在上述资料中，被承包企业的工商登记未改变性质，而且承包人张芳只需按合同的规定，向发包方缴纳定额利润20万元，缴纳定额利润后的企业经营成果归张芳所有，因此张芳取得的所得，包括每月从企业领取的工资，应按“对企事业单位的承包经营、承租经营所得”项目计税，而不应按“工资、薪金所得”项目计征个人所得税，所以张芳按“工资、薪金所得”申报缴纳个人所得税的做法是错误的。

2. 由于张芳对经营成果不拥有所有权，仅按合同（协议）规定取得10%的奖励，因此应按“工资、薪金所得”项目缴纳个人所得税，所以张芳的做法是正确的。

---

## 四、劳务报酬所得

劳务报酬所得，是指个人独立从事各种非雇佣的各种劳务所取得的所得，包括设计、安装、装潢、医疗、会计、咨询、讲学、新闻、翻译、书画、制图、化验、测试、雕刻、影视、录音、录像、演出、表演、广告、展览、技术服务、介绍服务、经纪服务、代办服务以及其他劳务的报酬所得。

在实际操作过程中，工资、薪金所得与劳务报酬所得易于混淆。两者最主要的区别在于是否存在雇佣与被雇佣关系。工资、薪金所得是个人从事非独立劳动从所在单位领取的报酬，此时个人与单位签订的合同是劳动合同；劳务报酬所得是个人独立从事某种技艺、独立提供某种劳务而取得的所得，此时个人与单位签订的是劳务合同。

个人从事的劳务作为独立个人劳务，一般应符合以下条件：

1. 其在医疗保险、社会保险、假期工资等方面不享受单位员工待遇；

2. 其从事劳务服务所取得的劳务报酬按相对的小时、周、月或一次性计算支付；

3. 其劳务服务的范围是固定的或有限的，并对其完成的工作负有质量责任；

4. 其为提供合同规定的劳务所发生的各项费用由其个人负担。

例如，我国著名女高音歌唱家宋祖英为中国人民解放军海军政治部文工团员工，则其从文工团领取的工资应按照“工资、薪金所得”缴纳个人所得税；而其外出演出获得的所得，则应该按照“劳务报酬所得”缴纳个人所得税。

**【对导入案例1-1的分析】** 常丽欣利用业余时间为某单位进行技术咨询，取得的40 000元咨询费收入，应该按照“劳务报酬所得”缴纳个人所得税。

### 五、稿酬所得

稿酬所得，是指个人因其作品以图书、报刊形式出版、发表而取得的所得。这里所说的作品，包括文学作品、书画作品、摄影作品以及其他作品。判别稿酬所得的关键点是个人的作品是否以图书、报刊形式出版、发表。

**【对导入案例1-1的分析】** 常丽欣6月份出版科研专著，所获得的30 000元稿酬应该按照“稿酬所得”缴纳个人所得税。

---

**提问与思考**

某高校教师李晔利用业余时间为出版社审稿，2012年8月获得所得2 500元，请问按什么税目缴纳个人所得税？

**分析与回答**

审稿所得应该按照“劳务报酬所得”，而非“稿酬所得”缴纳个人所得税。

---

### 六、特许权使用费所得

特许权使用费所得，是指个人提供专利权、商标权、著作权、非专利技术以及其他特许权的使用权取得的所得。提供著作权的使用权取得的所得，不包括稿酬所得。对于作者将自己的文字作品手稿原件或复印件公开拍卖（竞价）取得的所得，属于提供著作权的使用所得，因此应按“特许权使用费所得”项目征收个人所得税。

**【对导入案例1-1的分析】** 常丽欣将自己的一项专利技术提供给A国某企业使用，取得的100 000元收入，应该按照“特许权使用费所得”

缴纳个人所得税。

### 七、利息、股息、红利所得

利息、股息、红利所得，是指个人拥有债权、股权而取得的利息、股息、红利所得。其中，利息一般是指存款、贷款和债券的利息。股息、红利是指个人拥有股权取得的公司、企业分红，按照一定的比率派发的每股息金，称为股息；红利是指根据公司、企业应分配的、超过股息部分的利润，按股派发的红股，称为红利。

股份制企业在分配股息、红利时，以股票形式向股东个人支付应得的股息、红利（即派发红股），应以派发红股的股票票面金额为收入额，按"利息、股息、红利所得"项目计征个人所得税。

**【对导入案例 1-1 的分析】** 常丽欣获得的境内上市公司派发的 10 000 元现金股利，应该按照"利息、股息、红利所得"缴纳个人所得税。

### 八、财产租赁所得

财产租赁所得，是指个人出租建筑物、土地使用权、机器设备、车船以及其他财产取得的所得。

**【对导入案例 1-1 的分析】** 常丽欣将自有住房出租，每月取得的 3 500 元租金，应该按照"财产租赁所得"缴纳个人所得税。

### 九、财产转让所得

财产转让所得，是指个人转让有价证券、股权、建筑物、土地使用权、机器设备、车船以及其他财产取得的所得。我国为鼓励股票市场的发展，规定个人转让股票所得暂免征收个人所得税。除此之外，转让其他财产的所得，应当依法缴纳个人所得税。

**【对导入案例 1-1 的分析】** 常丽欣出售普通住房获得的所得，应该按照"财产转让所得"缴纳个人所得税。

### 十、偶然所得

偶然所得，是指个人得奖、中奖、中彩以及其他偶然性质的所得。偶然所得应缴纳的个人所得税税款，一律由发奖单位或机构代扣代缴。

**【对导入案例 1-1 的分析】** 常丽欣发票中奖 1 500 元和体育彩票中奖 15 000 元，应该按照“偶然所得”缴纳个人所得税。

### 十一、其他所得

除上述列举的各项个人应税所得外，其他确有必要征税的个人所得，由国务院财政部门确定。个人取得的所得，难以界定应纳税所得项目的，由主管税务机关确定。

## 第四节　个人所得税的计税依据——应纳税所得额

### 一、个人所得税以纯所得为计税依据

个人所得税以个人的纯所得——应纳税所得额作为计税依据，因此计税时应以纳税人的收入或报酬扣除有关费用以后的余额为计税依据。在计算应纳税所得额时可以扣除的费用主要包括三类：（1）与应税收入相配比的经营成本和费用，如在计算个体工商户的应纳税所得额时允许扣除与生产、经营有关的成本、费用及损失；（2）与个人总体收入能力相匹配的免税扣除和家庭生计扣除，如工资、薪金所得每月允许扣除 3 500 元；（3）为了体现特定社会目标而鼓励的支出，称为“特别费用扣除”，如公益性捐赠。

### 二、费用扣除方法

由于我国目前的个人所得税实行分类所得税制，根据各个项目性质的不同，费用扣除可以分成两类情形：可以扣除费用的和不允许扣除费用的。费用扣除又分为三种情形：定额扣除、定额和定率相结合扣除、核算扣除。具体见表 1-1。

**表 1-1　扣除费用分类表**

<table>
<tr><th colspan="2">扣除方法</th><th>应税项目</th></tr>
<tr><td rowspan="3">允许扣除费用</td><td>定额扣除</td><td>工资、薪金所得；对企事业单位的承包经营、承租经营所得</td></tr>
<tr><td>定额和定率相结合扣除</td><td>劳务报酬所得；稿酬所得；特许权使用费所得；财产租赁所得</td></tr>
<tr><td>核算扣除</td><td>个体工商户生产、经营所得；财产转让所得</td></tr>
<tr><td colspan="2">不得扣除费用</td><td>利息、股息、红利所得；偶然所得；其他所得</td></tr>
</table>

## 三、应纳税所得额的其他规定

1. 个人将其所得通过中国境内的公益性社会团体、国家机关向教育和其他社会公益事业以及遭受严重自然灾害地区、贫困地区的捐赠为公益性捐赠，公益性捐赠额未超过纳税义务人申报的应纳税所得额 30% 的部分，可以从其应纳税所得额中扣除。

个人通过非营利的社会团体和国家机关向农村义务教育的捐赠，准予在缴纳个人所得税前的所得额中全额扣除。农村义务教育的范围，是政府和社会力量举办的农村乡镇（不含县和县级市政府所在地的镇）、村的小学和初中以及属于这一阶段的特殊教育学校。纳税人对农村义务教育与高中在一起的学校的捐赠，也享受此项所得税前扣除。

2. 个人的所得（不含偶然所得和经国务院财政部门确定征税的其他所得）用于资助非关联的科研机构和高等学校研究开发新产品、新技术、新工艺所发生的研究开发经费，经主管税务机关确定，可以全额在下月（工资、薪金所得）或下次（按次计征的所得）或当年（按年计征的所得）计征个人所得税时，从应纳税所得额中扣除，不足抵扣的，不得结转抵扣。

3. 个人取得的应纳税所得，包括现金、实物和有价证券。所得为实物的，应当按照取得的凭证上所注明的价格计算应纳税所得额；无凭证的实物或者凭证上所注明的价格明显偏低的，由主管税务机关参照当地的市场价格核定应纳税所得额。所得为有价证券的，由主管税务机关根据票面价格和市场价格核定应纳税所得额。所得为其他形式的经济利益的，参照市场价格核定应纳税所得额。

**【资料链接 1-4】**

**美国奥运奖金将两重征税　金牌发 2.5 万实得 1.6 万①**

一旦获得奥运会冠军，中国运动员就会收到体育总局、所在省市体育局、企业等多家奖励，大把钞票纷至沓来。相比之下，和中国代表团争夺金牌和奖牌榜第一的美国代表团，情况却有所不同，而且该国独特的税收制度也成为人们津津乐道的话题。

有人分析，郭文珺有可能收获的奖金达 300 万元以上，可谓是一枪打穿了钱袋子。那么，美国人能拿多少钱？

根据 BBC 报道，美国运动员拿到金牌的话，将得到来自该国奥委会 2.5 万美元的奖励，银牌 1.5 万美元，铜牌 1 万美元，折合人民币也就 15 万多元、9 万多元和 6 万多元。

运动员别忘了交税。根据美国税法，运动员奖金收入被列为最高征税项目，高达 35%，因此金牌选手将收到高达 8 750 美元的税单，折合 5 万多元人民币。

但是没完，由于奖牌本身具备价值，因此奖牌也是被征税物品。根据美国税法，运动员需要为金牌缴税 236 美元、银牌 135 美元、铜牌 2 美元，折合人民币 1 480 元、850 元和 13 元。

两重税下来，金牌得主从奥运会领到的奖金只有 16 014 美元，折合人民币 10 万元，银牌和铜牌得主则更低。

奥运会奖牌充分说明了美国所谓的“全球化”税收体系，普通老百姓要是生活在国外，所得收入不仅要缴纳当地所得税，还得缴纳美国所得税。

## 第五节　个人所得税税率简介

### 一、税率简介

税率是应纳税额与征税对象的比率或对征税对象的征收额度。税率是

① 资料来源：转载自 http：//news. cntv. cn/20120803/118934. shtml，访问日期 2012 年 8 月 25 日。

计算税额的尺度，也是衡量税收负担轻重的重要标志。

（一）税率的形式

1. 比例税率

比例税率是对同一征税对象，不分数额的大小都采用相同的征收比例。如个人所得税中财产转让所得的税率为20%，就属于比例税率。在具体运用上，比例税率又有不同的形式，如产品比例税率、行业比例税率、地区差别比例税率、幅度比例税率等。比例税率的优点是简单直观，计算简便。但比例税率不管征税对象的大小，一律采用一个比例征收的方式，对纳税人的负担能力考虑不够，有悖于税款征收的量能原则。而另一种税率形式——累进税率可以部分弥补比例税率的缺陷。

2. 累进税率

累进税率是指将征税对象按其数额大小分成若干个等级，数额越大等级越高，不同等级适用由低到高不同的税率。累进税率比较好地体现了税收的量能负担原则。累进税率理论上包括全额累进税率、超额累进税率、超倍累进税率、超率累进税率等。例如，我国现行个人所得税中工资、薪金所得采用了七级超额累进税率。超额累进税率是与全额累进税率相对而言的。

（1）全额累进税率

全额累进税率是指按征税对象的绝对数额划分征收级距，就纳税人征税对象全部数额按与之相应的各级距税率计征的一种累进税率，即一定征税对象的数额只适用一个等级的税率。

**【例 1-1】** 张欣的应纳税所得额为 1 490 元，李莉的应纳税所得额为 1 510 元，请根据表 1-2 中的税率，计算张欣和李莉的应纳税额。

**表 1-2　七级全额累进税率表**

| 级数 | 全月含税应纳税所得额 | 税率（%） |
|---|---|---|
| 1 | 不超过 1 500 元的 | 3 |
| 2 | 不超过 4 500 元的部分 | 10 |
| 3 | 不超过 9 000 元的部分 | 20 |
| 4 | 不超过 35 000 元的部分 | 25 |
| 5 | 不超过 55 000 元的部分 | 30 |
| 6 | 不超过 80 000 元的部分 | 35 |
| 7 | 超过 80 000 元的部分 | 45 |

**解析：**

（1）由于张欣的应纳税所得额1 490元未超过1 500元，因此适用税率为3%。

张欣的应纳税额=1 490×3%=44.7（元）

张欣的税后收入为1 445.3元。

（2）由于李莉的应纳税所得额1 510元超过1 500元，因此适用税率为10%。

李莉的应纳税额=1 510×10%=151（元）

李莉的税后收入为1 359元。

李莉的应纳税所得额比张欣多20元，但应纳税额却增加了106.3元，导致李莉的税后收入不但没有上升反而下降。

从例1-1我们可以看到，利用全额累进税率计算应纳税额比较简单，但在级距的临界点附近容易出现税负增长超过所得增长的不合理现象，因此我国现行税制没有采用全额累进税率，而是采用了超额累进税率。

（2）超额累进税率

超额累进税率是把征税对象按数额大小分成若干等级，每一个等级适用一级税率，征税对象的数额在哪一级次按哪一级次的税率计算，仅就超过的部分按高一级的税率计算征收，然后将计算出的每级税额相加后得出的就是应纳税额。

**【例1-2】**　张欣的应纳税所得额为1 490元，李莉的应纳税所得额为1 510元，如果现在适用的是超额累进税率（如表1-3所示），请计算张欣和李莉的应纳税额。

**表1-3　七级超额累进税率表**

| 级数 | 全月含税应纳税所得额 | 税率（%） | 速算扣除数（元） |
|---|---|---|---|
| 1 | 不超过1 500元的 | 3 | 0 |
| 2 | 超过1 500~4 500元的部分 | 10 | 105 |
| 3 | 超过4 500~9 000元的部分 | 20 | 555 |
| 4 | 超过9 000~35 000元的部分 | 25 | 1 005 |
| 5 | 超过35 000~55 000元的部分 | 30 | 2 755 |
| 6 | 超过55 000~80 000元的部分 | 35 | 5 505 |
| 7 | 超过80 000元的部分 | 45 | 13 505 |

**解析：**

（1）由于张欣的应纳税所得额 1 490 元未超过 1 500 元，因此适用税率为 3%。

张欣的应纳税额 = 1 490 × 3% = 44.7（元）

张欣的税后收入为 1 445.3 元。

（2）由于李莉的应纳税所得额 1 510 元超过 1 500 元，因此 1 500 元以下的应纳税所得额适用 3% 的税率，1 500 元至 1 510 元之间的 10 元应纳税所得额适用 10% 的税率。

李莉的应纳税额 = 1 500 × 3% + 10 × 10% = 46（元）

李莉的税后收入为 1 454 元。

李莉的应纳税所得额比张欣多 20 元，应纳税额增加 1.3 元，李莉的税后收入仍高于张欣的税后收入。

从例 1-2 我们可以看到，超额累进税率体现了量能负担原则，而且也可以避免在级距临界点附近出现税负增长超过所得增长的不合理现象，因此我国现在的个人所得税中采用了超额累进税率。但超额累进税率也有缺陷，就是分级计算应纳税额，然后各级相加，如果级次较多，计算起来就会比较繁琐。为解决超额累进税率计算税款比较复杂的问题，在实际计算税额时，通过预先计算出的“速算扣除数”，即可直接计算应纳税额，而不必再分级分段计算税额。

所谓速算扣除数，是按全额累进税率计算的税额减去按超额累进税率计算的税额。即：

速算扣除数 = 全额累进税率计算的税额 − 超额累进税率计算的税额

确定速算扣除数后，我们就可以很容易地计算超额累进税率之下的应纳税额了。即：

应纳税额 = 应税所得额 × 适用税率 − 速算扣除数

所以下面的关键问题就在于如何确定速算扣除数。速算扣除数的计算公式为：

本级速算扣除数 =（本级税率 − 上一级税率）× 上一级征税对象的最高数额 + 上一级速算扣除数

我们可以利用这个公式计算表 1-3 中的速算扣除数。

第一级速算扣除数 = 0

第二级速算扣除数 =（10% −3%）×1 500 +0 =105（元）

第三级速算扣除数 =（20% −10%）×4 500 +105 =555（元）

第四级速算扣除数 =（25% −20%）×9 000 +555 =1 005（元）

第五级速算扣除数 =（30% −25%）×35 000 +1 005 =2 755（元）

第六级速算扣除数 =（35% −30%）×55 000 +2 755 =5 505（元）

第七级速算扣除数 =（45% −35%）×80 000 +5 505 =13 505（元）

利用速算扣除数，我们对例 1-2 中李莉的应纳税额计算如下：

应纳税额 =1 510 ×10% −105 =46（元）

3. 定额税率

定额税率也称固定税额，指根据征税对象的一定计量单位，规定一个纳税的金额。如消费税规定销售价格每吨 3 000 元以下的啤酒纳税 220 元，每升无铅汽油纳税 1.0 元。由于规定了纳税的固定金额，课税多少就与征税对象的价格脱离了联系，因此，定额税率适用于对单位数量下价格差异不大的商品课税，如汽油、柴油等。也正是由于定额税率忽略了商品的价值，其适用范围不是特别广泛。

## 二、我国现行个人所得税的税率简介

我国现行个人所得税的税率有两种：超额累进税率和比例税率，其中劳务报酬所得的税率比较特殊，该应税项目名义上为比例税率，但由于有加成征税的规定，实际上适用的是三级超额累进税率（如表 1-4 所示）。

**表 1-4 税率分类表**

<table>
<tr><th colspan="2">税率</th><th>应税项目</th></tr>
<tr><td rowspan="3">超额累进税率</td><td>七级超额累进税率</td><td>工资、薪金所得</td></tr>
<tr><td rowspan="2">五级超额累进税率</td><td>1. 个体工商户生产、经营所得</td></tr>
<tr><td>2. 对企事业单位承包经营、承租经营所得</td></tr>
<tr><td colspan="2" rowspan="3">比例税率（20%）</td><td>1. 特许权使用费所得；利息、股息、红利所得；财产转让所得；财产租赁所得；偶然所得；其他所得。</td></tr>
<tr><td>2. 稿酬所得：按应纳税额减征 30%。</td></tr>
<tr><td>3. 劳务报酬所得：有加成征税的规定，名义上是比例税率，实际为三级超额累进税率。</td></tr>
</table>

# 第六节　纳税筹划基本知识

## 一、纳税筹划的概念

纳税筹划也常常称为税收筹划、税务筹划，是一门涉及多门学科知识的新兴的现代边缘学科，许多问题尚不成熟，因而国际上对其概念的描述也不尽一致。综合而言，国内外学者对这一概念的表述大体如下：

1. 荷兰国际财政文献局（IBFD）所编写的《国际税收辞典》一书认为，税收筹划是指企业通过对经营活动和个人事务活动的安排，实现缴纳最低的税收。

2. 印度尼西亚税务专家亚萨恩威所著的《个人投资与税收筹划》认为，税收筹划是指企业通过对税务活动的安排，以充分利用税收法规提供的包括减免税在内的一切优惠，从而享有最大的税收利益。

3. 美国南加州大学的梅格博士在其《会计学》一书中将税收筹划定义为，在纳税发生之前，有系统地对企业经营和投资行为做出事先安排，以达到尽量少缴税，这个过程就是税收筹划。

4. 我国纳税筹划专家赵连志认为，税收筹划是指企业在税法规定许可的范围内，通过对投资、经营、理财活动进行筹划和安排，尽可能地取得节约税收成本的税收收益。税收筹划的目的就是减轻企业的税收负担。税收筹划的外在表现就是“缴税最晚、缴税最少”。

5. 我国学者盖地认为，税收筹划也称税务筹划、纳税筹划，是指企业（自然人、法人）依据所涉及的现行税法（不限一国一地），在遵守税法、尊重税法的前提下，运用企业的权利，根据税法中的“允许”和“不允许”、“应该”与“不应该”以及“非不允许”与“非不应该”的项目、内容，对经营、投资、筹资等活动进行旨在减轻税负的谋划和对策。

6. 国家税务总局注册税务师管理中心在其编写的《税务代理实务》中，把纳税筹划明确定义为，税收筹划又称纳税筹划，是指在遵循税收法律、法规的情况下，企业为实现企业价值最大化或股东权益最大化，在法律许可的范围内，自行或委托代理人，通过对经营、投资、理财等事项的安排和策划，以充分利用税法所提供的包括减免税在内的一切优惠，对多种纳税方案进行优化选择的一种财务管理活动。

## 二、纳税筹划的基本特征

纳税筹划有其固有的特征，主要表现在：合法性、政策导向性、目的性、专业性和时效性等方面。

### （一）纳税筹划的合法性

纳税筹划是在合法条件下进行的，是在对国家制定的税法进行比较分析、研究后，做出纳税优化选择。

从纳税筹划的概念可以看出，纳税筹划是以不违反国家现行的税收法律、法规为前提，否则，就构成了税收违法行为。因此，纳税人应该具备相当的法律知识，尤其是清楚相关的税收法律知识，知道违法与不违法的界限。

纳税筹划的合法性是纳税筹划最基本的特点，具体表现在纳税筹划运用的手段是符合现行税收法律、法规的，与现行国家税收法律、法规不冲突，而不是采用隐瞒、欺骗等违法手段。

### （二）纳税筹划的政策导向性

税收是国家控制的一个重要的经济杠杆，国家可以通过税收优惠政策，多征或减征税收，引导纳税人采取符合政策导向的行为，以实现国家宏观经济调整或社会治理的目的。

### （三）纳税筹划的目的性

纳税筹划是一种理财活动，也是一种策划活动，而人们的策划活动总是为了实现一定的意图和目标而进行的，没有明确的意图和目标就无法进行策划。在纳税筹划中，一切选择和安排都围绕着节约税收成本的目标进行，实现企业（个人）利益的最大化和使其合法权益得到充分享受与行使是进行纳税筹划的中心。

### （四）纳税筹划的专业性

由于纳税筹划是纳税人对税法的能动运用，是一项专业技术性很强的策划活动。它要求筹划者精通国家税收法律、法规，熟悉财务会计制度，更要时刻清楚如何在既定的纳税环境下，达到实现企业财务管理目标、节约税收成本的目的。

（五）纳税筹划的时效性

国家的税收政策法令是纳税人进行理财的一个外部环境，它实际上给纳税人的行为提供空间，纳税人只能适应它，而无法改变它，纳税筹划受现行的税收政策法令所约束。税收作为国家掌握的一个重要经济杠杆，税收政策必然根据一定时期的宏观经济政策需要而制定，也就是说，任何国家的税收政策都不是一成不变的，当国家税收政策变动时，纳税筹划的做法也应及时进行调整。

## 三、纳税筹划的原则

纳税筹划是对纳税人权利的保护。因为纳税人最大和最基本的权利，是不需要缴纳比税法规定的更多的税收。纳税筹划必须遵循一定原则，以免失败。

（一）合法性原则

纳税筹划必须严格遵守国家的税收法律、法规以及财务会计制度，偷逃税收虽可减轻纳税人负担，但显然是不合法的。

（三）便利性原则

当纳税人可选择的纳税筹划方案有多个时，应选择简单、容易操作的方案。能够就近解决的，不舍近求远。

（四）节约性原则

纳税筹划会耗费一定的人力、物力和财力，应尽量使筹划成本费用降低到最低程度，筹划效益达到最大程度。

## 四、偷税、避税、漏税

纳税筹划作为纳税人合理、合法地优化税收活动，与偷税、避税、漏税有严格的区别。

（一）偷税

偷税是指纳税人故意违反税收法规，采用欺骗、隐瞒等方式逃避纳税的违法行为。如为了少缴纳或不缴纳应纳税款，有意少报、瞒报应税项目、销售收入和经营利润；有意虚增成本、乱摊费用，缩小应税所得额；转移财产、收入和利润；伪造、涂改、销毁账册票据或记账凭证等。偷税损害了国家利益，触犯了国家法律，情节严重的构成偷税罪，属于破坏社会主义经济秩序罪的一种，对构成偷税罪的行为要依法惩处。

（二）避税

避税是指纳税人利用税法上的漏洞或税法允许的办法，做适当的财务安排或税收策划，在不违反税法规定的前提下，达到减轻或解除税负的目的。其后果是造成国家收入的直接损失，破坏了公平、合理的税收原则，使得国家、社会的收入和分配发生扭曲。

避税不同于偷税，前者是不违法的，后者是违法的。避税似乎有悖于道德上的要求，比如利用税法漏洞，钻税法空子等。避税与纳税筹划相比较，主要区别是：前者虽然不违法，但属于钻税法的空子；后者完全是合法的，甚至是税收政策予以引导和鼓励的。

（三）漏税

漏税是由于纳税人不熟悉税法规定和财务制度，或者由于工作粗心大意等原因造成的。如错用税率，漏报应税项目，少计应税数量，错算销售金额和经营利润等。漏税与偷税有着性质上的区别，判定漏税的关键是并非故意，因而在处理上也不同。税法规定，对漏税者，税务机关应当令其限期照章补缴所漏税款，逾期未缴的，从漏税之日起，按日加收一定的滞纳金。

## 【本章小结】

1. 个人所得税是以个人取得的各项应税所得为征税对象所征收的一种税。最早产生于英国。

2. 世界各国实行的个人所得税制度，大体上可以分为三种模式：分类所得税制、综合所得税制和混合所得税制，我国实行分类所得税制。

3. 我国个人所得税的纳税人包括中国公民、个体工商户、在中国有境内住所的外籍人员以及中国香港、澳门、台湾同胞。依据住所和居住时间两个标准，将纳税人分为居民纳税人和非居民纳税人，其中居民纳税人负有无限纳税义务，就其来源于中国境内外的全部所得纳税；非居民纳税人负有有限纳税义务，仅就其来源于中国境内的所得纳税。

4. 我国实行分类所得税制，将个人的所得分为11个应税项目：(1) 工资、薪金所得；(2) 个体工商户生产、经营所得；(3) 对企事业单位承包经营、承租经营所得；(4) 稿酬所得；(5) 劳务报酬所得；(6) 特许权使用费所得；(7) 利息、股息、红利所得；(8) 财产转让所得；(9) 财产租赁所得；(10) 偶然所得；(11) 其他所得。

5. 个人所得税的计税依据为应纳税所得额。

6. 税率分为比例税率、累进税率和定额税率三种形式；我国个人所得税的税率分为两类：超额累进税率和比例税率。

7. 纳税筹划也常被称为税收筹划、税务筹划，是一门涉及多门学科知识的新兴的现代边缘学科。纳税筹划作为纳税人合理、合法地优化税收活动，与偷税、避税、漏税有严格的区别。

## 【操作练习】

1. 受深圳京基房地产开发公司邀请，美国前总统克林顿于2002年5月23日在深圳威尼斯酒店发表名为《WTO与中国经济》的主题演讲，其出场费高达25万美元，折合人民币123万元，主办机构为其代缴的38.66万元个人所得税于2002年5月26日缴入国库。请问：

(1) 克林顿是中国的居民纳税人还是非居民纳税人？

(2) 克林顿获得的演讲所得应该按照什么税目缴纳个人所得税？

2. 在第30届奥林匹克运动会上，中国体育代表团以38金、27银、23铜的成绩位列奖牌榜的第二位，为此我国对运动员进行了奖励。请问对于运动员获得的奖金应该按照什么税目缴纳个人所得税？国家对此是否有税收优惠？

# 第二章

# 工资、薪金所得纳税申报与纳税筹划

**【导入案例 2-1】** 赵磊系北京大华科技公司的技术总监。2012 年 12 月赵磊的工资收入情况为：

(1) 基本工资：8 500 元；

(2) 绩效工资：1 500 元；

(3) 节假日补助：500 元；

(4) 误餐补助（是单位以误餐补助名义发放的补贴、津贴）：300 元；

(5) 独生子女补贴 30 元，托儿补助费 80 元；

(6) 公司代扣基本养老保险、基本医疗保险、失业保险：1 100 元；

(7) 公司代扣住房公积金：1 300 元；

(8) 全年一次性奖金：60 000 元；

(9) 公司为赵磊缴纳基本养老保险、基本医疗保险、失业保险和工伤保险：3 000 元。

**问题：**

(1) 赵磊 2012 年 12 月份需要缴纳多少个人所得税？

(2) 赵磊应该如何缴纳个人所得税？

## 第一节 工资、薪金所得的应纳税所得额

### 一、工资、薪金所得的适用范围

工资、薪金所得属于非独立个人劳动所得，是指个人因任职或者受雇而取得的工资、薪金、奖金、年终加薪、劳动分红、津贴、补贴以及与任职或者受雇有关的其他所得。

工资、薪金所得属于非独立个人劳动所得。所谓非独立个人劳动，是指个人所从事的是由他人指定、安排并接受管理的劳动，工作或服务于公司、工厂、行政事业单位的人员（非法人企业的业主除外）均为非独立劳动者。在本章的导入案例中，赵磊属于非独立劳动者，他从所在单位大华科技公司获得的劳动报酬，是以工资、薪金形式体现的。在这类报酬中，工资和薪金收入的主体略有差异。通常情况下，把直接从事生产、经营或服务的劳动者（工人）的收入称为工资，即所谓“蓝领阶层”所得；而将从事社会公职或管理活动的劳动者（公职人员）的收入称为薪金，即所谓“白领阶层”所得。但在实际立法过程中，各国都从简便易行的角度考虑，将工资、薪金合并为一个项目征收个人所得税。

除工资、薪金以外，奖金、年终加薪、劳动分红、津贴、补贴也被确定为工资、薪金所得。其中，年终加薪、劳动分红不分种类和取得情况，一律按照工资、薪金所得课税；津贴、补贴等则有例外。根据我国目前个人收入的构成情况，规定对于一些不属于工资、薪金性质的补贴、津贴或者不属于纳税人本人“工资、薪金所得”项目的收入，不予征税。这些项目有：

1. 独生子女补贴；

2. 执行公务员工资制度未纳入基本工资总额的补贴、津贴差额和家属成员的副食品补贴；

3. 托儿补助费；

4. 差旅费津贴、误餐补助。

其中，误餐补助是指按照财政部规定，个人因公在城区、郊区工作，不能在工作单位或回家就餐的，根据实际误餐顿数，按规定的标准领取的误餐

费。误餐补助的扣除限额按当地财政局的标准执行。单位以误餐补助名义发给职工的补贴、津贴，应当并入当月工资、薪金所得计算缴纳个人所得税。

个人因公务用车和通信制度改革而取得的公务用车、通信补助收入，扣除一定标准的公务费用后，按照“工资、薪金所得”项目计算缴纳个人所得税。按月发放的，并入当月“工资、薪金所得”计算缴纳个人所得税；不按月发放的，分解到所属月份并与该月份“工资、薪金所得”合并计算缴纳个人所得税。公务费用扣除标准，由省级地方税务局根据纳税人公务交通、通信费用实际发生情况调查测算，报经省级人民政府批准后确定，并报国家税务总局备案。

在对一项所得确定是否适用“工资、薪金所得”的税目时，需要注意以下问题：

1. 公司职工取得的用于购买企业国有股权的劳动分红，按“工资、薪金所得”项目计算缴纳个人所得税。劳动分红与股息、红利的最主要区别在于，该项所得属于职工的劳动所得，而非股权投资所得。

2. 出租汽车经营单位对出租车驾驶员采取单车承包或承租方式运营，出租车驾驶员从事客货营运取得的收入，按“工资、薪金所得”缴纳个人所得税。

3. 退休人员再任职取得的收入，在减除按个人所得税法规定的费用扣除标准后，按“工资、薪金所得”项目缴纳个人所得税。

4. 本企业的职工或高级管理人员同时兼任本企业董事所取得的董事费，应与其当月工资、薪金合并，按“工资、薪金所得”计算缴纳个人所得税。

5. 对商品营销活动中，企业和单位对营销成绩突出的雇员以培训班、研讨会、工作考察等名义组织旅游活动，通过免收差旅费、旅游费对个人实行的营销业绩奖励，应根据所发生费用的全额并入营销人员当期的工资、薪金所得，按照“工资、薪金所得”项目征收个人所得税。

**【对导入案例 2-1 的分析】** 赵磊取得的所得中，8 500 元基本工资、1 500 元绩效工资、500 元节假日补助、300 元误餐补助以及 60 000 元全年一次性奖金应该缴纳个人所得税，而 30 元独生子女补贴，80 元托儿补助费则无需缴纳个人所得税。其中尤其要注意误餐补助的征税问题，由于赵磊所取得的误餐补助属于单位以误餐补助名义发给职工的补贴、津贴，而非个人因公在城区、郊区工作，不能在工作单位或回家就餐领取的误餐费，因此应该缴纳个人所得税，不得从收入中扣除。

## 二、工资、薪金所得的税收优惠

下列各项所得，免征个人所得税：

1．省级人民政府、国务院部委和中国人民解放军军以上单位，以及外国组织、国际组织颁发的科学、教育、技术、文化、卫生、体育、环境保护等方面的奖金。

2．按照国家统一规定发给的补贴、津贴。这里所说的按照国家统一规定发给的补贴、津贴，是指按照国务院规定发给的政府特殊津贴和国务院规定免纳个人所得税的补贴、津贴。

发给中国科学院资深院士和中国工程院资深院士每人每年1万元的资深院士津贴免予征收个人所得税。

3．福利费、抚恤金、救济金。

这里所说的福利费，是指根据国家有关规定，从企业、事业单位、国家机关、社会团体提留的福利费或者工会经费中支付给个人的生活补助费；所说的救济金，是指国家民政部门支付给个人的生活困难补助费。

下列收入不属于免税的福利费范围：

（1）按超出国家规定的比例或基数计提的福利费、工会经费中支付给个人的各种补贴、补助；

（2）从福利费和工会经费中支付给单位职工的人人有份的补贴、补助；

（3）单位为个人购买汽车、住房、电子计算机等不属于临时性生活困难补助性质的支出。

4．按照国家统一规定发给干部、职工的安家费、退职费、退休工资、离休工资、离休生活补助费。

5．企业和个人按照省级以上人民政府规定的比例提取并缴付的住房公积金、医疗保险金、基本养老保险金、失业保险金，不计入个人当期的工资、薪金收入，免予征收个人所得税。超过规定的比例缴付的部分计算缴纳个人所得税。个人领取原提存的住房公积金、医疗保险金、基本养老保险金时，免予征收个人所得税。

6．对按《国务院关于高级专家离休退休若干问题的暂行规定》和《国务院办公厅关于杰出高级专家暂缓离休审批问题的通知》精神，达到离休退休年龄，但确因工作需要，适当延长离休退休年龄的高级专家

（指享受国家发放的政府特殊津贴的专家、学者），其在延长离休退休期间的工资、薪金所得，视同退休工资、离休工资免征个人所得税。

从其劳动人事关系所在单位之外的其他地方取得的培训费、讲课费、顾问费、稿酬等各种收入，依法计算缴纳个人所得税。

延长离休退休年龄的高级专家是指：

（1）享受国家发放的政府特殊津贴的专家、学者；

（2）中国科学院、中国工程院院士。

7. 外籍个人以非现金形式或实报实销形式取得的住房补贴、伙食补贴、搬迁费、洗衣费。

8. 外籍个人按合理标准取得的境内、外出差补贴。

9. 外籍个人取得的探亲费、语言训练费、子女教育费等，经当地税务机关审核批准为合理的部分。可以享受免征个人所得税优惠的探亲费，仅限于外籍个人在我国的受雇地与其家庭所在地（包括配偶或父母居住地）之间搭乘交通工具，且每年不超过两次的费用。

10. 凡符合下列条件之一的外籍专家取得的工资、薪金所得可免征个人所得税：

（1）根据世界银行专项贷款协议由世界银行直接派往我国工作的外国专家；

（2）联合国组织直接派往我国工作的专家；

（3）为联合国援助项目来华工作的专家；

（4）援助国派往我国专为该国无偿援助项目工作的专家；

（5）根据两国政府签订的文化交流项目来华工作两年以内的文教专家，其工资、薪金所得由该国负担的；

（6）根据我国大专院校国际交流项目来华工作两年以内的文教专家，其工资、薪金所得由该国负担的；

（7）通过民间科研协定来华工作的专家，其工资、薪金所得由该国政府机构负担的。

---

**提问与思考**

美国人威廉2012年到珠海市某外资企业工作，单位在支付其每月35 000元工资的基础上，为其发放2 000元的住房补贴、2 000元的伙食补贴，请问发放的住房补贴和伙食补贴是否可以免征个人所得税？

**分析与回答**

外籍个人以非现金形式或实报实销形式取得的住房补贴、伙食补贴、搬迁费、洗衣费，免纳个人所得税，但对于外籍人员以现金方式取得的住房补贴、伙食补贴、搬迁费、洗衣费，不享受免税待遇，因此美国人威廉获得的住房补贴和伙食补贴不享受免税待遇，应缴纳个人所得税。

---

**【对导入案例 2-1 的分析】** 公司从赵磊的工资中代扣的 1 100 元基本养老保险、基本医疗保险、失业保险和 1 300 元住房公积金属于免税收入，在计算应税工资时应该从工资、薪金所得中扣除；公司为赵磊缴纳的 3 000 元基本养老保险、基本医疗保险、失业保险属于免税收入，无需计入应税工资。因此赵磊的应税工资为 8 400 元（8 500 + 1 500 + 500 + 300 − 1 100 − 1 300）。

**【资料链接 2-1】**

**月饼税**

所谓“月饼税”只是一种民间说法。从本质上说，它属于个人所得税征收范围中的“工资、薪金所得”。根据《个人所得税法》的规定，工资、薪金所得，是指个人因任职或者受雇而取得的工资、薪金、奖金、年终加薪、劳动分红、津贴、补贴以及与任职或者受雇有关的其他所得。个人所得的形式，包括现金、实物、有价证券等。中秋节单位发的月饼等实物福利属于从福利费中支付给单位职工的人人有份的补贴、补助，因此不属于免税范围，应计入工资内计征个人所得税。

### 三、工资、薪金所得应纳税所得额的确定

1. 工资、薪金所得，以每月收入额减除费用 3 500 元后的余额，为应纳税所得额。其计算公式为：

$$应纳税所得额 = 月工资、薪金收入 - 3\ 500$$

2. 外籍和其他特殊人员在减除 3 500 元的基础上，再减去附加减除费用 1 300 元。享受附加减除费用的主体具体包括：

（1）在中国境内的外商投资企业和外国企业中工作取得工资、薪金所得的外籍人员；

（2）应聘在中国境内的企业、事业单位、社会团体、国家机关中工作取得工资、薪金所得的外籍专家；

（3）在中国境内有住所而在中国境外任职或受雇取得工资、薪金所得的个人；

（4）财政部确定的取得工资、薪金所得的其他人员。

华侨和香港、澳门、台湾同胞参照上述附加费用标准执行。

享受附加减除费用的主体应纳税所得额 = 月工资、薪金收入 - 4 800

**【对导入案例 2-1 的分析】** 赵磊的应税工资为 8 400 元，在计算应纳税所得额时减除费用 3 500 元，即赵磊的应纳税所得额为 4 900 元。

从上述分析我们可以看到，在确定工资、薪金的应纳税所得额时，首先需要确定工资、薪金所得的范围，之后减去免税收入，得到应税收入，再减去费用扣除标准，就可以得到应纳税所得额了。

**【资料链接 2-2】**

### 个税免征额不宜“一刀切”①

个人所得税的免征额（即费用扣除标准）是指纳税人的工资、薪金所得在申报应纳税所得额时，可以扣除一部分费用标准。免征额的设定既要考虑社会公平目标的实现，降低中低收入居民税负，又要注意提高个人所得税的经济调控能力。收支水平和结构、消费品物价指数的变化要求免征额不断调整，以保障居民的实际生活水平。免征额的设定也要处理好降低纳税人税负和保障国家财政收入二者之间的关系。

按照目前各个国家税制实践来看，工薪收入申报纳税的免征额主要包含赡养费用、家庭成员的生计费用、人寿保险、教育费用、医疗费用、奖金等。免征额设定的方法包括分类扣除和综合扣除，二者又均可采取比例扣除或定额扣除计算具体数额。

分项扣除办法考虑了纳税人的家庭结构差异，以及教育、养老、医疗等开支对纳税人的影响，使不同收入水平和家庭结构的纳税人税负趋于合理化。定额扣除办法简便易行，但缺乏弹性，容易造成不同纳税人的税负

① 资料来源：《国际金融时报》，转载自 http：//finance. people. com. cn. /GB/14432293. html。

不平衡，尤其加重工薪阶层的税收负担，对高收入阶层的调节作用甚微。综合定额扣除也无法调节物价上涨对于税收负担扭曲的负面影响。

目前，大多数发达国家对于工薪收入免征额都采取分项扣除方式。对于取得工薪收入耗费的成本费用一般都允许按比例扣除，例如，加拿大工薪收入按3%的比例扣除，丹麦允许扣除20%。而用于保障劳动力再生产的人寿保险、教育费用、医疗费用项目允许在合理范围内列支。家庭成员的生计费用则按家庭成员结构扣除，例如英国、美国、法国、荷兰、西班牙、瑞士等。

而我国的《个人所得税法》从1980年出台至今，全国各地工资、薪金所得的免征额都是一个固定的数字，从800元/月调整到1 600元/月，再调整到2 000元，直至2011年9月1日调整到3 500元/月。但是中国幅员辽阔，从南到北、自东到西，无论是在岗职工平均工资、物价水平还是房价高低都有极大的差异。如果与免征额有关的最主要的收入与支出水平相差巨大，那么全国制定一个统一的免征额是否科学和公平？免征额是否可以是一个区间，而不是某一个固定的数字？

截止到2012年7月，全国已有23个省区公布了2011年城镇单位在岗职工平均工资。数据显示，在这23个省区中，北京职工月平均工资最高，为4 672元/月；其次是上海，为4 331元/月；而排名垫底的是甘肃，仅为2 742元/月。职工平均工资水平总体代表着当地的物价水平和消费指数的高低，中国东西南北地区之间存在着成倍的收入差异，却适用同样的个人所得税免征额，就显得有失公允了。因此，如果中国目前尚不具备实行个人所得税按家庭综合征收的条件，那么是否可以根据一些比较公开透明的统计数据，将个人所得税的免征额制定得比较符合当地居民的消费水平呢？这样可以相对充分地考虑了当地的生活水平及老百姓的承受能力，而不是在全国采取“一刀切”的办法。“一刀切”的问题在于目前的免征额在东南沿海发达地区的一线大城市低于当地居民基本生活的开支，而在西部内陆一些城市，同样的免征额高于当地绝大部分工薪阶层的月收入。因此今后我国个人所得税改革过程中应该采用更为科学合理的方法确定免征额，而不应该采取“一刀切”的方式。

## 第二节　工资、薪金所得应纳税额的计算

### 一、工资、薪金所得的适用税率

工资、薪金所得适用七级超额累进税率，税率为3%～45%，详见表2-1。

**表2-1　工资、薪金所得适用税率表**

| 级数 | 全月含税应纳税所得额 | 税率（%） | 速算扣除数（元） |
|---|---|---|---|
| 1 | 不超过1 500元的 | 3 | 0 |
| 2 | 超过1 500～4 500元的部分 | 10 | 105 |
| 3 | 超过4 500～9 000元的部分 | 20 | 555 |
| 4 | 超过9 000～35 000元的部分 | 25 | 1 005 |
| 5 | 超过35 000～55 000元的部分 | 30 | 2 755 |
| 6 | 超过55 000～80 000元的部分 | 35 | 5 505 |
| 7 | 超过80 000元的部分 | 45 | 13 505 |

**【对导入案例2-1的分析】**　赵磊的应纳税所得额为4 900元，因此其适用税率为20%，速算扣除数为555元。

### 二、一般情况下工资、薪金所得应纳税额的计算

工资、薪金所得按月计税，应纳税额的计算公式为：

应纳税额＝应纳税所得额×适用税率－速算扣除数

＝(每月收入额－3 500或4 800)×适用税率－速算扣除数

**【对导入案例2-1的分析】**　赵磊的应纳税额＝4 900×20%－555＝425（元）

**【例2-1】**　中国公民王鑫2012年10月获得工资6 200元，请计算其当月应纳个人所得税。

**解析：**

（1）王鑫应纳税所得额＝6 200－3 500＝2 700（元）

（2）王鑫应纳税额 = 2 700 × 10% − 105 = 165（元）

**【例 2-2】** 杰奎琳是在某外商投资企业工作的美国专家（假设为非居民纳税人），2012 年 10 月份取得由该企业发放的工资收入 15 000 元人民币。请计算其应纳个人所得税。

**解析：**

（1）应纳税所得额 = 15 000 − 4 800 = 10 200（元）

（2）应纳税额 = 10 200 × 25% − 1 005 = 1 545（元）

## 三、不含税工资、薪金所得应纳税额的计算

在实际工作中，有些雇主（单位或个人）为纳税人负担税款，即支付给纳税人的报酬（包括工资、薪金、劳务报酬等所得）是不含税的净所得或称税后所得，纳税人的应纳税额由雇主承担。在这种情况下，就不能以纳税人实际取得的收入作为标准计算应纳税额，否则，就会缩小税基，降低适用税率。正确的方法是，先将纳税人的不含税收入换算为应纳税所得额，然后再计算应纳税额。具体步骤如下：

第一步，将不含税收入换算成应纳税所得额，转换公式如下：

应纳税所得额 =（不含税收入额 − 费用扣除标准 − 速算扣除数）÷（1 − 税率）

公式中的税率和速算扣除数，是指按不含税收入级距（或不含税应纳税所得额）对应的税率和速算扣除数，如表 2-2 所示。

**表 2-2 工资、薪金不含税收入（或不含税应纳税所得额）适用税率表**

| 级数 | 全月不含税应纳税所得额级距 | 税率（%） | 速算扣除数（元） |
|---|---|---|---|
| 1 | 不超过 1 455 元的 | 3 | 0 |
| 2 | 超过 1 455 元至 4 155 元的部分 | 10 | 105 |
| 3 | 超过 4 155 元至 7 755 元的部分 | 20 | 555 |
| 4 | 超过 7 755 元至 27 255 元的部分 | 25 | 1 005 |
| 5 | 超过 27 255 元至 41 255 元的部分 | 30 | 2 755 |
| 6 | 超过 41 255 元至 57 505 元的部分 | 35 | 5 505 |
| 7 | 超过 57 505 元的部分 | 45 | 13 505 |

第二步，计算应缴纳的税额。其计算公式为：

应纳税额 = 应纳税所得额 × 适用税率 − 速算扣除数

此公式中的税率及速算扣除数对应工资、薪金所得适用税率表（表2-1）中的数值。

**【例2-3】** 永新公司代其雇员负担个人所得税，2012年10月支付给该公司员工孙悦的税后工资为7 800元。请问永新公司应该为其负担多少个人所得税？

**解析：**

由于孙悦的工资收入为不含税收入，应先将不含税收入换算为应纳税所得额，再计算应缴纳的个人所得税。

（1）不含税收入7 800元对应的不含税应纳税所得额为4 300元，按照表2-2，找到其适用的税率是20%，速算扣除数是555元。

应纳税所得额＝(7 800－3 500－555)÷(1－20%)＝4 681.25（元）

（2）应纳税所得额对应表2-1中的税率是20%，速算扣除数是555元。

应纳税额＝4 681.25×20%－555＝381.25（元）

## 四、全年一次性奖金应纳税额的计算

全年一次性奖金是指行政机关、企事业单位等扣缴义务人根据其全年经济效益和对雇员全年工作业绩的综合考核情况，向雇员发放的一次性奖金。全年一次性奖金也包括年终加薪、实行年薪制和绩效工资办法的单位根据考核情况兑现的年薪和绩效工资。

根据《国家税务总局关于调整个人取得全年一次性奖金等计算征收个人所得税方法的通知》（国税发［2005］9号文）的规定，自2005年1月1日起，纳税人取得全年一次性奖金，应单独作为一个月工资、薪金所得计算纳税，并按以下计算办法，由扣缴义务人在发放时代扣代缴：

1. 先将雇员当月内取得的全年一次性奖金，除以12个月，按其商数确定适用税率和速算扣除数。

如果在发放全年一次性奖金的当月，雇员当月工资薪金所得低于税法规定的费用扣除额，应将全年一次性奖金减除“雇员当月工资薪金所得与费用扣除额的差额”后的余额，按上述办法确定全年一次性奖金的适用税率和速算扣除数。

2. 将雇员个人当月内取得的全年一次性奖金，按上述规定确定适用税率和速算扣除数计算征税，计算公式如下：

（1）如果雇员当月工资薪金所得高于（或等于）税法规定的费用扣除额的，适用公式为：

应纳税额 = 雇员当月取得全年一次性奖金 × 适用税率 − 速算扣除数

（2）如果雇员当月工资薪金所得低于税法规定的费用扣除额的，适用公式为：

应纳税额 =（雇员当月取得全年一次性奖金 − 雇员当月工资薪金所得与费用扣除额的差额）× 适用税率 − 速算扣除数

3. 在一个纳税年度内，对每一个纳税人，该计税办法只允许采用一次。

4. 实行年薪制和绩效工资的单位，个人取得年终兑现的年薪和绩效工资按上述第 2 项、第 3 项规定执行。

5. 雇员取得除全年一次性奖金以外的其他各种名目奖金，如半年奖、季度奖、加班奖、先进奖、考勤奖等，一律与当月工资、薪金收入合并，按税法规定缴纳个人所得税。

**【对导入案例 2-1 的分析】** 赵磊 2012 年 12 月份的工资薪金所得超过免征额，其取得的 60 000 元全年一次性奖金的应纳税额计算如下：

第一步，确定适用税率和速算扣除数。

因为赵磊 12 月份的应税工资 8 400 元，超过费用扣除额，所以商数 = 60 000 ÷ 12 = 5 000（元），商数对应的税率为 20%，速算扣除数为 555 元。

第二步，计算应纳税额。

应纳税额 = 60 000 × 20% − 555 = 11 445（元）

赵磊 12 月份工资应纳税额为 425 元，全年一次性奖金应纳税额为 11 445 元，因此赵磊全月应纳税额合计为 11 870 元。

**【例 2-4】** 中国公民张菲菲 2012 年 12 月份取得工资 2 500 元，当月取得全年一次性奖金 6 000 元，计算张菲菲 12 月份应缴纳的个人所得税。

**解析：**

（1）张菲菲 12 月份的工资为 2 500 元，小于费用扣除额 3 500 元，无须缴纳个人所得税。

（2）全年一次性奖金应在当月计税。

第一步，确定适用税率和速算扣除数。

因为张菲菲12月份的工资只有2 500元，低于工资、薪金所得的费用扣除额，两者的差为3 500 - 2 500 = 1 000（元），所以商数 =（6 000 - 1 000）÷12 = 416.67（元），商数对应的税率为3%，速算扣除数为0。

第二步，计算应纳税额。

应纳税额 = ［6 000 - （3 500 - 2 500）］×3% = 150（元）

张菲菲12月份应缴纳的个人所得税应为150元。

## 五、特殊行业工资、薪金所得应纳税额的计算

为了照顾采掘业、远洋运输业、远洋捕捞业因季节、产量等因素的影响，职工工资、薪金收入呈现较大波动的实际情况，在计算个人所得税时，对采掘业、远洋运输业、远洋捕捞业等特殊行业，实行按月分摊所得、汇算全年税额的计算方法。对于这些行业的职工取得的工资、薪金所得，可按月预缴，年度终了后30日内，合计其全年工资、薪金所得，再按12个月平均并计算实际应纳的税款，多退少补。其公式为：

应纳所得税额 = ［（全年工资、薪金收入 ÷12 - 费用扣除标准）×税率 - 速算扣除数］×12

具体可以分解为以下步骤：

（1）各月先按实际收入计算税额、缴纳税款；

（2）汇总全年收入，并将全年总收入除以12，计算月平均收入；

（3）按月平均收入计算月平均税额；

（4）将月平均税额乘以12，计算全年应纳税额；

（5）将全年应纳税额与各月实际缴纳税额合计数进行比较，多退少补。

考虑到远洋运输具有跨国流动的特性，对远洋运输船员在统一扣除3 500元费用的基础上，准予再扣除税法规定的附加减除费用标准1 300元，即合计扣除4 800元；船员集体用餐的伙食费，如果不发给个人的，则不计入应纳税所得额。

**【例2-5】**　李欣晔是某远洋公司船员，其2012年各月工资收入、预缴税款情况见表2-3，每月缴纳的“三险一金”为600元。

表 2-3　李欣晔工资收入和预缴税款情况表　　单位：元

| 月　份 | 工资收入 | 单位代扣代缴的三险一金 | 预缴税款 |
| --- | --- | --- | --- |
| 1 | 3 000. 00 | 600. 00 | 0. 00 |
| 2 | 3 000. 00 | 600. 00 | 0. 00 |
| 3 | 3 000. 00 | 600. 00 | 0. 00 |
| 4 | 9 600. 00 | 600. 00 | 545. 00 |
| 5 | 9 600. 00 | 600. 00 | 545. 00 |
| 6 | 9 600. 00 | 600. 00 | 545. 00 |
| 7 | 9 600. 00 | 600. 00 | 545. 00 |
| 8 | 9 600. 00 | 600. 00 | 545. 00 |
| 9 | 9 600. 00 | 600. 00 | 545. 00 |
| 10 | 9 600. 00 | 600. 00 | 545. 00 |
| 11 | 3 000. 00 | 600. 00 | 0. 00 |
| 12 | 3 000. 00 | 600. 00 | 0. 00 |
| 合　计 | 82 200. 00 | 7 200. 00 | 3 815. 00 |

请计算年度终了李欣晔应补或退的税款。

**解析：**

李欣晔全年平均每月应纳税所得额

=全年工资、薪金收入÷12－费用减除标准－“三险一金”

=82 200÷12－3 500－600

=2 750（元）

全年应纳税额=(每月应纳税所得额×税率－速算扣除数)×12

=(2 750×10%－105)×12

=2 040（元）

年终汇算清缴应退的税额=3 815－2 040=1 775（元）

## 六、两处或两处以上取得工资、薪金所得应纳税额的计算

纳税人从中国境内两处或两处以上取得工资、薪金所得的，在单位代扣代缴个人所得税的基础上应由纳税人自行申报纳税，多退少补。

在外商投资企业、外国企业和外国驻华机构工作的中方人员取得的工资、薪金收入，凡由雇用单位和派遣单位分别支付的，支付单位应按税法规定代扣代缴个人所得税。为有利于税收征管，对雇用单位和派遣单位分别支付工资、薪金的，采取由支付者中的一方减除费用的做法，即只有雇用单位在支付工资、薪金时，按税法规定减除费用，计算扣缴个人所得税，派遣单位支付的工资、薪金不再减除费用，以支付金额直接确定适用税率，计算扣缴个人所得税。

上述纳税义务人应持两处支付单位提供的原始明细工资、薪金单（书）和完税凭证原件，选择并固定到某地税务机关申报每月工资、薪金收入，汇算清缴其工资、薪金收入的个人所得税，多退少补。

**【例2-6】** 周华为一外商投资企业雇用的中方人员，2012年10月，该外商投资企业支付给周华的薪金为7 200元，同月周华还收到其所在的派遣单位发给的工资1 900元。请问该外商投资企业、派遣单位应如何扣缴个人所得税？周华实际缴纳多少个人所得税？

**解析：**

（1）外商投资企业应为周华扣缴的个人所得税：

应扣缴的个人所得税＝(每月收入额－3 500)×适用税率－速算扣除数

＝(7 200－3 500)×10%－105＝265（元）

（2）派遣单位应为周华扣缴的个人所得税：

应扣缴的个人所得税＝每月收入额×适用税率－速算扣除数

＝1 900×10%－105＝85（元）

（3）周华实际应纳个人所得税：

应纳税额＝(每月收入额－3 500)×适用税率－速算扣除数

＝(7 200＋1 900－3 500)×20%－555＝565（元）

因此，周华到税务机关自行申报纳税时，还应补缴税款215元(565－265－85)。

## 七、补充养老保险应纳税额的计算

企业为职工支付的各种免税保险之外的保险金，应在企业向保险公司缴付时（即该保险落到被保险人的保险账户）并入员工当期的工资收入，按“工资、薪金所得”项目计征个人所得税。其中企业年金的计税方法有优惠。

企业年金是指企业及其职工在依法参加基本养老保险的基础上，自愿建立的补充养老保险，主要由个人缴费、企业缴费和年金投资收益三部分组成，即企业年金是补充养老保险的一种主要形式。其税务处理为：

1. 企业年金的个人缴费部分，不得在个人当月工资、薪金计算个人所得税时扣除。

2. 企业年金的企业缴费计入个人账户的部分（以下简称企业缴费）是个人因任职或受雇而取得的所得，属于个人所得税应税收入，在计入个人账户时，分为下列两种情况计税：

（1）企业年金的企业缴费部分计入职工个人账户时，当月个人工资薪金所得与计入个人年金账户的企业缴费之和未超过个人所得税费用扣除标准的，不征收个人所得税。

（2）个人当月工资薪金所得低于个人所得税费用扣除标准，但加上计入个人年金账户的企业缴费后超过个人所得税费用扣除标准的，其超过部分应视为个人一个月的工资、薪金（不与正常工资、薪金合并），不扣除任何费用，按照"工资、薪金所得"项目计算当期应纳个人所得税税款，并由企业在缴费时代扣代缴。

对企业按季度、半年或年度缴纳企业缴费的，在计税时不得还原至所属月份，均作为一个月的工资、薪金，不扣除任何费用，按照适用税率计算扣缴个人所得税。

3. 对因年金设置条件导致的已经计入个人账户的企业缴费不能归属个人的部分，其已扣缴的个人所得税应予以退还。具体计算公式如下：

应退税款 = 企业缴费已纳税款 ×（1 − 实际领取企业缴费/已纳税企业缴费的累计额）

**【例 2-7】** 吴丽 2012 年 10 月份的工资、薪金所得为 2 500 元，公司代扣其"三险一金"575 元、补充养老保险 125 元，公司为其缴纳"五险一金"1 080 元、补充养老保险 125 元，请问吴丽应该缴纳多少个人所得税？

**解析：**

公司代扣的 575 元"三险一金"及公司为其缴纳的 1 080 元"五险一金"属于免税收入，因此吴丽的应税工资为 1 925 元（2 500 − 575），个人缴纳的补充养老保险需要缴纳个人所得税，不得从个人工资、薪金所得中扣减，公司为其缴纳的125元补充养老保险需要缴纳个人所得税。但是由于企业年金的企业缴费部分125元计入职工个人账户时，吴丽当月工资薪金所得1 925元与计入个人年金账户的企业缴费125元之和为2 050元，未超过个人所得税3 500元的费用扣除标准，因此无须缴纳个人所得税。

**【例2-8】**　王蒙2012年10月份的工资、薪金所得为15 000元，公司代扣其“三险一金”2 070元、补充养老保险750元，公司为其缴纳“五险一金”3 870元、补充养老保险750元，请问王蒙应该缴纳多少个人所得税？

**解析：**

公司代扣的2 070元“三险一金”及公司为其缴纳的3 870元“五险一金”属于免税收入，因此王蒙的应税工资为12 930元（15 000－2 070），个人缴纳的补充养老保险需要缴纳个人所得税，不得从个人工资、薪金所得中扣减。

应纳个人所得税＝(12 930－3 500)×25%－1 005＝1 352.5（元）

公司为其缴纳的750元补充养老保险需要缴纳个人所得税，应单独作为一个月的工资缴纳个人所得税。

应纳个人所得税＝750×3%＝22.5（元）

所以王蒙2012年10月份应纳个人所得税为1 375元（1 352.5＋22.5）。

**八、个人因解除劳动合同取得经济补偿金应纳税额的计算**

1. 企业依照国家有关法律规定宣告破产，企业职工从该破产企业取得的一次性安置费收入，免征个人所得税。

2. 个人因与用人单位解除劳动关系而取得的一次性补偿收入（包括用人单位发放的经济补偿金、生活补助费和其他补助费用），其收入在当地上年职工平均工资3倍数额以内的部分，免征个人所得税；超过3倍数额部分的一次性补偿收入，可视为一次取得数月的工资、薪金收入，允许在一定期限内进行平均。具体平均办法为：以个人取得的一次性经济补偿收入，除以个人在本企业的工作年限数，以其商数作为个人的月工资、薪金收入，按照税法规定计算缴纳个人所得税。个人在本企业的工作年限数按实际工作年限数计算，超过12年的按12年计算。

3. 个人领取一次性补偿收入时按照国家和地方政府规定的比例实际缴纳的住房公积金、医疗保险费、基本养老保险费、失业保险费，可以在计征其一次性补偿收入的个人所得税时予以扣除。

4．个人在解除劳动合同后又再次任职、受雇的，已纳税的一次性补偿收入不再与再次任职、受雇的工资、薪金所得合并计算补缴个人所得税。

**【例2-9】** 2012年9月20日，公司与任职8年的郑勇解除了聘用合同，郑勇取得一次性补偿金100 000元（该公司所在地上年度职工平均工资为20 000元）。请计算其应纳的个人所得税。

**解析：**

超过当地上年职工平均工资3倍数额的补偿金部分＝100 000－20 000×3＝40 000（元）

应纳税所得额＝40 000÷8－3 500＝1 500（元）

应纳税额＝1 500×3%×8＝360（元）

### 九、个人提前退休取得补贴收入应纳税额的计算

自2011年1月1日起，个人提前退休取得一次性补贴收入征收个人所得税按以下规定执行：

1．机关、企事业单位对未达到法定退休年龄、正式办理提前退休手续的个人，按照统一标准向提前退休工作人员支付一次性补贴，不属于免税的离退休工资收入，应按照“工资、薪金所得”项目征收个人所得税。

2．个人因办理提前退休手续而取得的一次性补贴收入，应按照办理提前退休手续至法定退休年龄之间实际月份平均分摊计算个人所得税。

应纳税额＝{[（一次性补贴收入÷办理提前退休手续至法定退休年龄的实际月份数）－费用扣除标准]×适用税率－速算扣除数}×提前办理退休手续至法定退休年龄的实际月份数

**【例2-10】** 距离法定退休年龄尚有3年零4个月的王玉，于2012年10月正式办理提前退休手续，领取了一次性补贴收入150 000元。该笔补贴收入应该缴纳多少个人所得税？

**解析：**

（1）领取的一次性补贴收入按照办理提前退休手续至法定退休年龄之间实际月份进行平均＝150 000/40＝3 750（元）

（2）应纳税所得额＝3 750－3 500＝250（元），适用税率为3%

（3）应纳税额＝250×3%×40＝300（元）

## 十、在中国境内无住所的个人取得工资、薪金所得应纳税额的计算

### （一）关于工资、薪金所得来源地的确定

属于来源于中国境内的工资薪金所得应为个人实际在中国境内工作期间取得的工资薪金，即个人实际在中国境内工作期间取得的工资薪金，不论是由中国境内还是境外企业或个人雇主支付的，均属于来源于中国境内的所得；个人实际在中国境外工作期间取得的工资薪金，不论是由中国境内还是境外企业或个人雇主支付的，均属于来源于中国境外的所得。

### （二）关于在中国境内无住所而在一个纳税年度中在中国境内连续或累计居住不超过90日或在税收协定规定的期间在中国境内连续或累计居住不超过183日的个人纳税义务的确定

根据有关规定，在中国境内无住所而在一个纳税年度中在中国境内连续或累计工作不超过90日或在税收协定规定的期间在中国境内连续或累计居住不超过183日的个人，由中国境外雇主支付并且不是由该雇主的中国境内机构负担的工资薪金，免予申报缴纳个人所得税。对前述个人应仅就其实际在中国境内工作期间由中国境内企业或个人雇主支付或者由中国境内机构负担的工资薪金所得申报纳税。凡是该中国境内企业、机构属于采取核定利润方法计征企业所得税或没有营业收入而不征收企业所得税的，在该中国境内企业、机构任职、受雇的个人实际在中国境内工作期间取得的工资薪金，不论是否在该中国境内企业、机构会计账簿中有记载，均应视为由该中国境内企业支付或由该中国境内机构负担的工资薪金。

其应纳税额的计算公式为：

$$\text{应纳税额}=\text{当月境内外工资薪金应纳税总额}\times\frac{\text{当月境内支付工资}}{\text{当月境内外支付工资总额}}\times\frac{\text{当月境内工作天数}}{\text{当月天数}}$$

### （三）关于在中国境内无住所而在一个纳税年度中在中国境内连续或累计居住超过90日或在税收协定规定的期间在中国境内连续或累计居住超过183日但不满一年的个人纳税义务的确定

根据有关规定，在中国境内无住所而在一个纳税年度中在中国境内连续或累计工作超过90日或在税收协定规定的期间在中国境内连续或累计居住超过183日但不满一年的个人，其实际在中国境内工作期间取

得的由中国境内企业或个人雇主支付和由境外企业或个人雇主支付的工资薪金所得，均应申报缴纳个人所得税；其在中国境外工作期间取得的工资薪金所得，除属于下面第五条规定的情况外，不予征收个人所得税。

上述个人每月应纳的税款应按税法规定的期限申报缴纳。其中，取得的工资薪金所得是由境外雇主支付并且不是由中国境内机构负担的个人，事先可预定在一个纳税年度中连续或累计居住超过 90 日或在税收协定规定的期间连续或累计居住超过 183 日的，其每月应纳的税款应按税法规定期限申报纳税；对事先不能预定在一个纳税年度或税收协定规定的有关期间连续或累计居住超过 90 日或 183 日的，可以待达到 90 日或 183 日后的次月 15 日内，就其以前月份应纳的税款一并申报缴纳。

其应纳税额的计算公式为：

$$应纳税额 = 当月境内外工资薪金应纳税总额 \times \frac{当月境内工作天数}{当月天数}$$

（四）关于在中国境内无住所但在境内居住满一年的个人纳税义务的确定

根据有关规定，在中国境内无住所但在境内居住满一年而不超过五年的个人，其在中国境内工作期间取得的由中国境内企业或个人雇主支付和由中国境外企业或个人雇主支付的工资薪金，均应申报缴纳个人所得税；其在临时离境工作期间的工资薪金所得，仅就由中国境内企业或个人雇主支付的部分申报纳税，凡是该中国境内企业、机构属于采取核定利润方法计征企业所得税或没有营业收入而不征收企业所得税的，在该中国境内企业、机构任职、受雇的个人取得的工资薪金，不论是否在中国境内企业、机构会计账簿中有记载，均应视为由其任职的中国境内企业、机构支付。

上述个人，在一个月中既有在中国境内工作期间的工资薪金所得，也有在临时离境期间由境内企业或个人雇主支付的工资、薪金所得的，应合并计算当月应纳税款，并按税法规定的期限申报缴纳。

其应纳税额的计算公式为：

$$应纳税额 = 当月境内外工资薪金应纳税总额 \times \left(1 - \frac{当月境外支付工资}{当月境内外支付工资总额} \times \frac{当月境外工作天数}{当月天数}\right)$$

对中国境内无住所的个人工资、薪金所得征税规定具体见表2-4。

**表2-4　对中国境内无住所的个人工资、薪金所得征税规定**

| 居住时间 | 纳税人性质 | 境内所得 | | 境外所得 | | 税额计算公式 |
|---|---|---|---|---|---|---|
| | | 境内支付 | 境外支付（并且不由境内机构、场所雇主负担） | 境内支付 | 境外支付 | |
| 90日（或183日）以内 | 非居民 | √ | 免税 | × | × | $\text{应纳税额}=\text{当月境内外工资薪金应纳税总额}\times\frac{\text{当月境内支付工资}}{\text{当月境内外支付工资总额}}\times\frac{\text{当月境内工作天数}}{\text{当月天数}}$ |
| 90日（或183日）~1年 | 非居民 | √ | √ | × | × | $\text{应纳税额}=\text{当月境内外工资薪金应纳税总额}\times\frac{\text{当月境内工作天数}}{\text{当月天数}}$ |
| 1~5年 | 居民 | √ | √ | √ | 免税 | $\text{应纳税额}=\text{当月境内外工资薪金应纳税总额}\times\left(1-\frac{\text{当月境外支付工资}}{\text{当月境内外支付工资总额}}\times\frac{\text{当月境外工作天数}}{\text{当月天数}}\right)$ |
| 5年以上 | 居民 | √ | √ | √ | √ | |

注：√代表属于征税范围，要征税；×代表不属于征税范围，不征税。

**【例2-11】**　韩国居民崔颢哲受其供职的境外公司委派，来华从事设备安装调试工作，在华停留60天，期间取得境外公司支付的工资40 000元。请问崔颢哲应在中国缴纳多少个人所得税？

**解析：**

境内无住所的个人在我国境内连续或累计居住不超过90日，境内所得境外支付部分免税，因此崔颢哲无需在中国缴纳个人所得税。

**提问与思考**

中国公民郭佳佳2012年只在中国居住了85天，其在境内工作期间由境外公司支付的工资、薪金所得是否可以享受免税待遇？

**分析与回答**

在中国境内无住所而在一个纳税年度中在中国境内连续或累计工作不超过90日或在税收协定规定的期间在中国境内连续或累计居住不超过183日的个人，由中国境外雇主支付并且不是由该雇主的中国境内机构负担的工资薪金，免予申报缴纳个人所得税，该项政策仅对在中国境内无住所的个人适用，由于郭佳佳属于中国公民，在中国境内有住所，因此尽管郭佳佳2012年只在中国居住了85天，未超过90天，但其在境内工作期间由境外公司支付的工资、薪金所得却不能享受免税待遇。

（五）中国境内企业董事、高层管理人员纳税义务的确定

担任中国境内企业董事或高层管理职务的个人，其取得的由该中国境内企业支付的董事费或工资、薪金，不适用上述规定，而应自其担任该中国境内企业董事或高层管理职务起，至其解除上述职务止的期间，不论其是否在中国境外履行职务，均应申报缴纳个人所得税；其取得的由中国境外企业支付的工资薪金，应依照上述规定确定纳税义务（如表2-5所示）。

**表2-5 对中国境内无住所的中国境内企业董事、高层管理人员征税的规定**

| 居住时间 | 纳税人性质 | 境内所得 | | 境外所得 | |
|---|---|---|---|---|---|
| | | 境内支付 | 境外支付（并且不由境内机构、场所雇主负担） | 境内支付 | 境外支付 |
| 90日（或183日）以内 | 非居民 | √ | 免税 | √ | × |
| 90日（或183日）~1年 | 非居民 | √ | √ | √ | × |
| 1~5年 | 居民 | √ | √ | √ | 免税 |
| 5年以上 | 居民 | √ | √ | √ | √ |

注：√代表属于征税范围，要征税；×代表不属于征税范围，不征税。

（六）不满一个月的工资、薪金所得应纳税款的计算

如果上述情况中个人取得的是日工资、薪金或者是不满一个月的工资、薪金，仍应以日工资、薪金乘以当月天数换算成月工资、薪金后，按照上述公式计算其应纳税额。其计算公式为：

$$\text{应纳税额}=(\text{当月工资、薪金应纳税所得额}\times\text{适用税率}-\text{速算扣除数})\times\frac{\text{当月实际在中国天数}}{\text{当月天数}}$$

## 第三节　工资、薪金所得的纳税申报

个人所得税的纳税申报，有自行申报纳税和代扣代缴两种方法。“工资、薪金所得”项目应缴纳的个人所得税，属于代扣代缴，应由发放工资的单位代扣代缴。

### 一、代扣代缴

代扣代缴，是指按照税法规定负有扣缴税款义务的单位或者个人，在向个人支付应纳税所得时，应计算应纳税额，从其所得中扣除并缴入国库，同时向税务机关报送扣缴个人所得税报告表。

（一）扣缴义务人的确定

个人所得税以取得应税所得的个人为纳税人；以支付所得的单位和个人为扣缴义务人，具体包括企业、事业单位、机关、社团组织、军队、驻华机构、个体工商户等。

（二）扣缴义务人的法定义务和法律责任

扣缴义务人在向个人支付应纳税所得时，不论纳税人是否属于本单位人员，均应代扣代缴其缴纳的个人所得税税款。扣缴义务人依法履行代扣代缴税款义务，纳税人不得拒绝。如果纳税人拒绝履行纳税义务，扣缴义务人应当及时报告税务机关处理，并暂停支付其应纳税所得。否则，纳税人应缴纳的税款由扣缴义务人补缴。同时，扣缴义务人还要就应扣未扣、应收未收的税款缴纳滞纳金或罚款。

扣缴义务人在扣缴税款时，必须向纳税人开具税务机关统一印制的代扣代收税款凭证，并详细注明纳税人姓名、工作单位、家庭住址和身份证或护照号码（无上述证件的，可用其他能有效证明身份的证件）等个人情况。

扣缴义务人应设立代扣代缴税款账簿，正确反映个人所得税的扣缴情况，并如实填写《扣缴个人所得税报告表》及其他有关资料。扣缴义务人的法人代表或单位主要负责人、财会部门的负责人及具体办理代扣代缴税款的有关人员共同对依法履行代扣代缴义务负法律责任。

税务机关应根据扣缴义务人所扣缴的税款，给予2%的手续费，由扣缴义务人用于代扣代缴费用开支和奖励代扣代缴工作做得较好的办税人员。

（三）代扣代缴税款的期限

扣缴义务人每月所扣缴的税款，应当在次月15日内缴入国库，并向主管税务机关报送《扣缴个人所得税报告表》，代扣代缴税款凭证和包括每一纳税人姓名、单位、职务、收入、税款等内容的《支付个人收入明细表》以及主要税务机关要求报送的其他有关资料。

扣缴义务人违反上述规定不报送或者报送虚假纳税资料的，一经查实，其未在支付个人收入明细表中反映的向个人支付的款项，在计算扣缴义务人应纳税所得额时不得作为成本费用扣除。

扣缴义务人因有特殊困难不能按期报送《扣缴个人所得税报告表》及其他有关资料的，经县级税务机关批准，可以延期申报。

## 二、《扣缴个人所得税报告表》及填写说明

工资、薪金所得应缴纳的个人所得税由支付工资的单位代扣代缴，支付工资的单位每月在发放员工工资时，都应该认真计算、核对、汇总应该代扣代缴的个人所得税税额，并按规定期限认真填写并报送《扣缴个人所得税报告表》（见表2-6）和《支付个人收入明细表》（见表2-7），进行纳税申报。

**【例2-12】** 广州永华技术公司是一家软件开发公司。2012年12月份支付如下费用：（1）支付王某工资7 600元，全年一次性奖金20 000元，公司代扣的“三险一金”为1 560元；（2）支付李某工资8 200元，全年一

次性奖金24 000元，缴付的“三险一金”为1 680元；（3）支付胡某工资15 800元，全年一次性奖金80 000元，缴付的“三险一金”为1 840元。

**请问：**

1. 广州永华技术公司的三位员工工资所得应缴纳多少个人所得税？

2. 广州永华技术公司三位员工的全年一次性奖金应该缴纳多少个人所得税？

3. 广州永华技术公司如何填写《扣缴个人所得税报告表》？

**解析：**

1. 王某应纳税额的计算

工资收入7 600元，单位应代扣代缴的个人所得税 =(7 600 - 1 560 - 3 500)×10% - 105 = 149（元）；

全年一次性奖金20 000元，适用的所得税税率为10%，速算扣除数为105元，单位应代扣代缴的个人所得税 = 20 000×10% - 105 = 1 895（元）。

2. 李某应纳税额的计算

工资收入8 200元，单位应代扣代缴的个人所得税 =(8 200 - 1 680 - 3 500)×10% - 105 = 197（元）；

全年一次性奖金24 000元，适用的所得税税率为10%，速算扣除数为105元，单位应代扣代缴的个人所得税 = 24 000×10% - 105 = 2 295（元）。

3. 胡某应纳税额的计算

工资收入15 800元，单位应代扣代缴的个人所得税 =(15 800 - 1 840 - 3 500)×25% - 1 005 = 1 610（元）；

全年一次性奖金80 000元，适用的所得税税率为20%，速算扣除数为555元，单位应代扣代缴的个人所得税 = 80 000×20% - 555 = 15 445（元）。

由于该单位支付的个人所得均达到纳税标准，所以无须填写《支付个人收入明细表》。

《扣缴个人所得税报告表》的填写如表2-6所示。

**表 2-6　扣缴个人所得税报告表**

扣缴义务人编码：

扣缴义务人名称（公章）：广州永华技术公司

金额单位：元（列至角分）

填表日期：2013 年 1 月 13 日

| 序号 | 纳税人姓名 | 身份证照类型 | 身份证照号码 | 国籍 | 所得项目 | 所得期间 | 收入额 | 免税收入额 | 允许扣除的税费 | 费用扣除标准 | 准予扣除的捐赠额 | 应纳税所得额 | 税率% | 速算扣除数 | 应扣税额 | 已扣税额 | 备注 |
|---|---|---|---|---|---|---|---|---|---|---|---|---|---|---|---|---|---|
| 1 | 2 | 3 | 4 | 5 | 6 | 7 | 8 | 9 | 10 | 11 | 12 | 13 | 14 | 15 | 16 | 17 | 18 |
| 合计 | | | | | | | 155 600.00 | 5 080.00 | 0.00 | — | — | — | — | — | 21 591.00 | 21 591.00 | |
| 1 | 王某 | 身份证 | ×× | 中国 | 工资、薪金所得 | 2012-12 | 7 600.00 | 1 560.00 | 0.00 | 3 500.00 | 0.00 | 2 540.00 | 10% | 105.00 | 149.00 | 149.00 | |
| | | | | | 一次性奖金 | 2012-12 | 20 000.00 | 0.00 | 0.00 | 0.00 | 0.00 | 20 000.00 | 10% | 105.00 | 1 895.00 | 1 895.00 | |
| 2 | 李某 | 身份证 | ×× | 中国 | 工资、薪金所得 | 2012-12 | 8 200.00 | 1 680.00 | 0.00 | 3 500.00 | 0.00 | 3 020.00 | 10% | 105.00 | 197.00 | 197.00 | |
| | | | | | 一次性奖金 | 2012-12 | 24 000.00 | 0.00 | 0.00 | 0.00 | 0.00 | 24 000.00 | 10% | 105.00 | 2 295.00 | 2 295.00 | |
| 3 | 胡某 | 身份证 | ×× | 中国 | 工资、薪金所得 | 2012-12 | 15 800.00 | 1 840.00 | 0.00 | 3 500.00 | 0.00 | 10 460.00 | 25% | 1 005.00 | 1 610.00 | 1 610.00 | |
| | | | | | 全年一次性奖金 | 2012-12 | 80 000.00 | 0.00 | 0.00 | 0.00 | 0.00 | 80 000.00 | 20% | 555.00 | 15 445.00 | 15 445.00 | |
| | | | | | | | | | | | | | | | | | |
| 扣缴义务人声明 | 我声明：此扣缴报告表是根据国家税收法律、法规的规定填报的，我确定它是真实的、可靠的、完整的。　声明人签字： | | | | | | | | | | | | | | | | |
| 会计主管签字： | | | | | | | 负责人签字： | | | | | | 扣缴单位（或法定代表人）（签章）： | | | | |
| 受理人（签章）： | | | | | | | | 受理日期：　年　月　日 | | | | | | 受理税务机关（章）： | | | |

国家税务总局监制

本表一式两份，一份扣缴义务人留存，一份报主管税务机关。

## 《扣缴个人所得税报告表》填写说明

1. 本表根据《中华人民共和国税收征收管理法》（以下简称征管法）及其实施细则、《中华人民共和国个人所得税法》（以下简称税法）及其实施条例制定。

2. 本表适用于扣缴义务人申报扣缴的所得税额。扣缴义务人必须区分纳税人、所得项目逐人逐项明细填写本表。

3. 扣缴义务人不能按规定期限报送本表时，应当在规定的报送期限内提出申请，经当地税务机关批准，可以适当延长期限。

4. 扣缴义务人未按规定期限向税务机关报送本表的，依照征管法第六十二条的规定，予以处罚。

5. 填写本表要用中文，也可用中、外两种文字填写。

6. 表头项目的填写说明如下：

(1) 扣缴义务人编码：填写税务机关为扣缴义务人确定的税务识别号。

(2) 扣缴义务人名称：填写扣缴义务人单位名称全称并加盖公章，不得填写简称。

(3) 填表日期：是指扣缴义务人填制本表的具体日期。

7. 本表各栏的填写说明如下：

(1) 纳税人姓名：纳税义务人如在中国境内无住所，其姓名应当用中文和外文两种文字填写。

(2) 身份证照类型：填写纳税人的有效证件（身份证、户口簿、护照、回乡证等）名称。

(3) 所得项目：按照税法规定项目填写。同一纳税义务人有多项所得时，应分别填写。

(4) 所得期间：填写扣缴义务人支付所得的时间。

(5) 收入额：如支付外币的，应折算成人民币。外币折合人民币时，如为美元、日元和港币，应当按照缴款上一月最后一日中国人民银行公布的人民币基准汇价折算；如为美元、日元和港币以外的其他外币的，应当按照缴款上一月最后一日中国银行公布的人民币外汇汇率中的现钞买入价折算。

(6) 免税收入额：指按照国家规定，单位为个人缴付的基本养老保险费、基本医疗保险费、失业保险费、住房公积金，按照国务院规定发给的政府特殊津贴、院士津贴、资深院士津贴和其他经国务院批准免税的补贴、津贴等按照税法及其实施条例和国家有关政策规定免于纳税的所得。

此栏只适用于工资、薪金所得项目，其他所得项目不得填列。

（7）允许扣除的税费：只适用劳务报酬所得、特许权使用费所得、财产租赁所得和财产转让所得项目。

① 劳务报酬所得允许扣除的税费是指劳务发生过程中实际缴纳的税费；

② 特许权使用费允许扣除的税费是指提供特许权过程中发生的中介费和相关税费；

③ 适用财产租赁所得时，允许扣除的税费是指修缮费和出租财产过程中发生的相关税费；

④ 适用财产转让所得时，允许扣除的税费是指财产原值和转让财产过程中发生的合理税费。

（8）除法律法规另有规定的外，准予扣除的捐赠额不得超过应纳税所得额的30%。

（9）已扣税额：是指扣缴义务人当期实际扣缴的个人所得税税款及减免税额。

（10）扣缴非本单位职工的税款，须在备注栏反映。

（11）表间关系：

① 应纳税额＝应纳税所得额×税率－速算扣除数

② 应纳税所得额＝收入额（人民币合计）－免税收入额－允许扣除的税费－费用扣除标准－准予扣除的捐赠额

注：全年一次性奖金等特殊政策的应纳税所得额计算除外。

③ 收入额（人民币合计）＝收入额（人民币）＋收入额（外币折合人民币）

（12）声明人：填写扣缴义务人名称。

### 表 2-7　支付个人收入明细表

扣缴义务人编码：□□□□□□□□□□□□□□□□□□□□

扣缴义务人名称（公章）：

所属期：　年　月　日至　年　月　日　　　　填表日期：　年　月　日　　　　金额单位：元（列至角分）

| 姓名 | 身份证照类型及号码 | 收入额 | | | | | | 备注 |
|---|---|---|---|---|---|---|---|---|
| | | 合计 | 工资、薪金所得 | 承包、承租所得 | 劳务报酬所得 | 利息、股息、红利所得 | 其他各项所得 | |
| 1 | 2 | 3 | 4 | 5 | 6 | 7 | 8 | 9 |
| | | | | | | | | |
| | | | | | | | | |
| | | | | | | | | |
| | | | | | | | | |
| | | | | | | | | |
| | | | | | | | | |
| | | | | | | | | |
| 合　计 | | | | | | | | |

制表人：　　　　　　　　　　　　　　　　审核人：

## 第四节 工资、薪金所得的纳税筹划

对工资、薪金所得征收个人所得税关系到工薪阶层的切身利益，因此作为财务人员、人力资源部门的人员应当做好工资、薪金所得的纳税筹划，使得职工在收入既定的情况下，个人所得税税负最轻。

### 一、工资、薪金福利化筹划

由于工资、薪金所得实行7级超额累进税率，因此随着工资、薪金水平的提高，新增工资、薪金给纳税人带来的可支配现金将会逐步减少，如果把纳税人现金性工资转为提供福利，可以减少职工的个人所得税负担。

在进行纳税筹划时，需要注意，对于企业发给个人的福利，不论是现金还是实物，均应缴纳个人所得税。但目前我国对于集体享受的、不可分割的、非现金方式的福利，原则上不征收个人所得税。所以在对工资、薪金进行福利化筹划时，需要注意操作方式，应以集体享受的、不可分割的、非现金方式为职工提供福利。

（一）企业为职工提供住所

目前各地房价不仅较高，而且房租的水平也比较高。对于在工作所在地没有住房的职工而言，房租支出是一笔不菲的支出。如果职工在与企业签订劳动合同时，与雇主协商，由雇主提供住所，而薪金可在原有基础上适当降低。这样雇主为雇用职工支付的报酬总额不增加，而且其为职工租赁住房的支出可以计入职工福利费，在企业所得税前扣除，即雇主的负担不增加，同时可以降低职工个人所得税的税收负担。

**【例2-13】** 设计师钱磊就职于北京华创装饰公司，每月应税工资、薪金所得为8 000元。则：

其应纳个人所得税 = (8 000 − 3 500) × 10% − 105 = 345（元）

由于钱磊尚未购置住房，为此与人合租了一套住房，每月房租支出1 000元，扣除个人所得税及房租后，钱磊的可支配收入为6 655元。

如果公司为钱磊提供免费住房，每月工资下调为7 000元，则：

其应纳个人所得税 =（7 000 − 3 500）× 10% − 105 = 245（元）

缴纳个人所得税后，钱磊可支配收入为6 755元。

通过筹划，钱磊可节省个人所得税100元，而公司也没有增加支出。

（二）企业为职工提供各种福利设施

由企业向职工提供各种福利设施，只要该项福利设施属于集体享受的、不可分割的、非现金方式的福利，则不会被视为工资、薪金所得，从而无须计算缴纳个人所得税。这样，企业通过提高职工福利，增加其物质满足，也可使得职工少纳个人所得税。

1. 企业为职工提供免费膳食或者由企业支付职工食堂经费补贴，由食堂免费或低价向职工提供膳食。企业提供的膳食餐具必须具有不可变现性，即不可转让，不能兑换现金，否则将被视为工资、薪金所得缴纳个人所得税。

2. 企业为职工提供交通便利。如开通班车，免费接送职工上下班。

3. 企业为职工提供办公用品和设施。某些职业的工作需要专用设备，如广告设计人员需要高档计算机等。如果由职工自己购买，则职工会提出加薪的要求，而加薪就要缴纳个人所得税。此时由企业购买后配给职工使用，可降低职工的个人所得税负担。

## 二、利用税收优惠进行纳税筹划

我们在本章第一节已经介绍过工资、薪金所得的税收优惠，企业应尽量利用税收优惠降低职工的税收负担。例如，税法规定，企业和个人按照省级以上人民政府规定的比例提取并缴付的住房公积金、医疗保险金、基本养老保险金、失业保险金，不计入个人当期的工资、薪金收入，免予征收个人所得税。超过规定的比例缴付的部分，计算缴纳个人所得税。个人领取原提存的住房公积金、医疗保险金、基本养老保险金时，免予征收个人所得税。企业在设计职工薪酬时，应该尽量提高职工的住房公积金水平。

**【例2-14】** 王芳每月应税工资为10 000元，公司未办理住房公积金的缴纳手续。

王芳的应纳税所得额 = 10 000 − 3 500 = 6 500（元）

应纳税额 = 6 500 × 20% − 555 = 745（元）

公司的实际负担 = 10 000（元）

王芳的实际收入 = 10 000 − 745 = 9 255（元）

为了降低个人所得税税负，公司办理了住房公积金的缴纳手续。公司每月支付给王芳9 000元工资，从王芳的工资中每月代扣其个人缴纳的住房公积金，同时企业每月为王芳缴纳住房公积金1 000元。此时：

王芳的应纳税所得额 =9 000 - 1 000 - 3 500 =4 500（元）

应纳税额 =4 500 × 10% - 105 =345（元）

公司的实际负担 =9 000 + 1 000 = 10 000（元）

王芳的实际收入 =9 000 + 1 000 - 345 =9 655（元）

即无论企业缴纳的住房公积金还是个人缴纳的住房公积金，都归个人所有。

从例2-14我们可以看到，通过提高企业和个人缴纳的住房公积金，在企业负担不增加、职工收入不下降的条件下，可以降低职工的税收负担。

在进行纳税筹划时，人力资源部门、财务部门的相关人员要通晓税法，掌握税收优惠，并关注税法的最新变化，以期最大限度地利用相关税收优惠减轻员工的税收负担。

### 三、合理设计全年一次性奖金的发放数额

我们在本章第二节介绍了全年一次性奖金应纳税额的计算，从全年一次性奖金应纳税额的计算我们可以看到，通过合理设计全年一次性奖金的发放数额可以降低纳税人的税收负担。

**【例2-15】** 日隆公司职工王鑫2012年获得全年一次性奖金18 000元，赵勇获得全年一次性奖金19 000元，请分析奖金发放中存在的问题。

**解析：**

王鑫和赵勇全年一次性奖金的应纳税额及税后收入如表2-8所示：

**表2-8 王鑫和赵勇全年一次性奖金的应纳税额及税后收入** 单位：元

| 姓名 | 全年一次性奖金 | 税率 | 速算扣除数 | 应纳税额 | 税后收入 |
|---|---|---|---|---|---|
| 王鑫 | 18 000 | 3% | 0 | 540 | 17 460 |
| 赵勇 | 19 000 | 10% | 105 | 1 795 | 17 205 |
| 两者的差额 | 1 000 | — | — | 1 255 | -255 |

从表2-8我们可以看到，赵勇比王鑫全年一次性奖金增加了1 000元，税负却增加了1 255元，造成赵勇税后收入不但不增加，反而下降的局

面。之所以出现这种情况，是因为全年一次性奖金是按照其除以 12 个月后的商数确定适用税率和速算扣除数，但是却按照全年一次性奖金的数额计算应纳税额，少减除了 11 个速算扣除数，从而造成在各级距点附近税负大幅增加的局面，因此在企事业单位给职工发放的工资、薪金数额超过免征额的情况下，全年一次性奖金的发放数额不应该处于以下区间：

（1）18 000（不含 18 000 元）~19 283 元；

（2）54 000（不含 54 000 元）~60 187 元；

（3）108 000（不含 108 000 元）~114 600 元；

（4）420 000（不含 420 000 元）~447 500 元；

（5）660 000（不含 660 000 元）~706 538 元；

（6）960 000（不含 960 000 元）~1 120 000 元。

在上述区间，将会出现税负增长超过所得增长的不合理现象。其中 18 000 元、54 000 元、108 000 元、420 000 元、660 000 元、960 000 元为最优奖金发放点，因为上述奖金数额为适用较低税率的最高奖金发放点。

## 四、合理设计每月工资、薪金及全年一次性奖金的发放方案

由于工资、薪金所得实行的是 7 级超额累进税率，因此企事业单位在设计职工薪酬体系时应该尽量避免工资、薪酬的大幅波动，并尽量利用全年一次性奖金政策，通过设计合理的每月工资和全年一次性奖金，降低职工的税收负担。每月工资、薪金及全年一次性奖金的设计步骤为：

1. 预估每名职工的全年收入，之后将其全年收入除以 12，得到商数；

2. 将费用扣除标准 3 500 元（或 4 800 元）放入每月工资，将商数与 3 500 元（或 4 800 元）的差额除以 2 放入每月工资，其余部分放入全年一次性奖金，形成方案一；

3. 由于全年一次性奖金的计算中少扣除了 11 个速算扣除数，存在问题，因此将全年一次性奖金降到离其最近的最优奖金发放点，倒算每月工资，形成方案二；

4. 比较方案一和方案二，选择最优的方案；

5. 根据最优方案中每月工资适用的税率确定工资的浮动范围，以满足管理的要求。

**【例 2-16】**　丽源公司 2012 年年初测算其技术总监冯琳的年收入为

120 000 元（不含免税收入），公司应如何设计其每月薪金及全年一次性奖金？

**解析：**

1. 商数 = 120 000/12 = 10 000（元）

2. 方案一：

每月工资 = 3 500 + (10 000 − 3 500)/2 = 6 750（元）

全年一次性奖金 = 120 000 − 6 750 × 12 = 39 000（元）

在方案一中，每月工资应纳个人所得税为 220 元，全年一次性奖金应纳个人所得税为 3 795 元，全年应纳税额合计为 6 435 元，税后收入为 113 565 元。

3. 方案二：

将全年一次性奖金降到离其最近的最优奖金发放点 18 000 元；

倒算的每月工资 = (120 000 − 18 000) /12 = 8 500（元）

在方案二中，每月工资应纳个人所得税为 445 元，全年一次性奖金应纳个人所得税为 540 元，全年应纳税额合计为 5 880 元，税后收入为 114 120 元。

4. 在收入均为 120 000 元的情况下，方案二的应纳税额合计为 5 880 元，低于方案一的 6 435 元，因此选择方案二。

5. 根据方案二中每月工资适用的税率确定工资的浮动范围，具体过程如下：

(1) 每月工资 8 500 元，应纳税所得额为 5 000 元，适用税率为 20%。

(2) 适用 20% 税率的应纳税所得额的区间范围为 4 500 ~ 9 000 元，因此每月工资的浮动范围 8 000 ~ 12 500 元。

所以在冯琳的年收入为 120 000 元的情况下，最优的筹划方案为：全年一次性奖金 18 000 元，12 个月的工资合计为 102 000 元，每月工资浮动范围为 8 000 ~ 12 500 元。

## 【本章小结】

1. 工资、薪金所得属于非独立个人劳动所得，包括个人因任职或者受雇而取得的工资、薪金、奖金、年终加薪、劳动分红、津贴、补贴以及与任职或者受雇有关的其他所得。但独生子女补贴，执行公务员工资制度未纳入基本工资总额的补贴、津贴差额和家属成员的副食品补贴，托儿补助费，差旅费津贴、误餐补助，不予征收个人所得税。

2. 我国《个人所得税法》及其实施细则规定了工资、薪金所得的各种优惠，如“三险一金”的免税政策，我们在学习过程中应该多加注意。

3. 工资、薪金所得，以每月收入额减除费用3 500元后的余额，为应纳税所得额。即应纳税所得额 = 月工资、薪金收入 − 3 500。外籍、港澳台地区在华人员及其他特殊人员在减除3 500元的基础上，再减去附加减除费用1 300元。

4. 工资、薪金所得的应纳税额 = 应纳税所得额 × 适用税率 − 速算扣除数 =（每月收入额 − 3 500 或 4 800）× 适用税率 − 速算扣除数，在此基础上掌握不含税工资、薪金所得，全年一次性奖金，采掘业、远洋运输业、远洋捕捞业等特殊行业工资、薪金所得，两处或两处以上取得工资、薪金所得，补充养老保险，经济补偿金，个人提前退休取得补贴收入，在中国境内无住所的个人取得工资、薪金所得应纳税额的计算。

5. 个人所得税的纳税申报，有自行申报纳税和代扣代缴两种方法。“工资、薪金所得”项目应缴纳的个人所得税，属于代扣代缴，应由发放工资的单位代扣代缴。要熟悉《扣缴个人所得税报告表》的填写。

6. 掌握企业如何通过工资、薪金福利化，税收优惠，合理设计全年一次性奖金的发放数额及每月工资、薪金及全年一次性奖金的方法，能够降低工资、薪金所得的税负。

## 【操作练习】

1. 周荣系华通公司的财务总监。2012 年 12 月周荣的工资收入情况为：

（1）基本工资：16 500 元；

（2）绩效工资：4 500 元；

（3）节假日补助：1 000 元；

（4）误餐补助：500 元；

（5）独生子女补贴 30 元，托儿补助费 80 元；

（6）公司代扣基本养老保险、基本医疗保险、失业保险：1 200 元；

(7) 公司代扣住房公积金：1 400 元；

(8) 公司代扣补充养老保险500 元、补充医疗保险500 元；

(9) 全年一次性奖金：150 000 元；

(10) 公司为周荣缴纳基本养老保险、基本医疗保险、失业保险：3 000 元；为周荣缴纳补充养老保险500 元、补充医疗保险500 元；

请问周荣2012 年12 月份需要缴纳多少个人所得税?

2. 居然装饰公司2012 年12 月，支付人员工资如下：(1) 支付刘永平工资2 800 元，全年一次性奖金18 000 元；(2) 支付王立工资3 800 元，全年一次性奖金20 000 元；(3) 支付张毅工资8 700 元，全年一次性奖金50 000 元。

请根据以上信息计算2012 年12 月居然装饰公司应扣缴的个人所得税，并填写《扣缴个人所得税报告表》及《支付个人收入明细表》。

3. 2012 年10 月张欣从原任职单位离职，单位支付其10 月份的工资9 000 元，支付离职补偿金84 000 元，当地上年度职工工资收入为20 000 元，请计算单位应代扣多少个人所得税?

4. 2012 年9 月距离退休年龄尚有5 年零8 个月的王威提前办理了退休手续，获得单位发放的补贴收入150 000 元，请计算单位应代扣多少个人所得税?

5. 常勇系某软件公司的市场总监，年收入预计为800 000 元，请为其设计合理的薪酬方案。

# 第三章

# 劳务报酬所得纳税申报与纳税筹划

**【导入案例 3-1】** 兴华电器公司 2012 年 5 月份聘请演员任双双演出，支付其演出费用 50 000 元；邀请某咨询机构张林教授为企业咨询并讲学，分别签订了咨询和讲学合同，支付张林教授咨询费用 2 000 元，讲学费用 3 000 元；聘请张磊进行室内设计和装潢，支付张磊设计费 1 000 元，装潢费 2 000 元，未分别签订合同。

**问题：**

1. 任双双、张林和张磊 5 月份应缴纳的个人所得税分别是多少？
2. 兴华电器如何根据上述所得填写《扣缴个人所得税报告表》？

## 第一节　劳务报酬所得应纳税额的计算

### 一、劳务报酬所得的适用范围

劳务报酬所得，指个人独立从事非雇佣的各种劳务所取得的所得。内容如下：

1. 设计。指按照客户的要求，代为制定工程、工艺等各类设计业务。
2. 装潢。指接受委托，对物体进行装饰、修饰，使之美观或具有特定用途的作业。

3. 安装。指按照客户要求，对各种机器、设备的装配、安置，以及与机器、设备相连的附属设施的装设和被安装机器设备的绝缘、防腐、保温、油漆等工程作业。

4. 制图。指受托按实物或设想物体的形象，依体积、面积、距离等，用一定比例绘制成平面图、立体图、透视图等的业务。

5. 化验。指受托用物理或化学的方法，检验物质的成分和性质等业务。

6. 测试。指利用仪器、仪表或其他手段代客对物品的性能和质量进行检测试验的业务。

7. 医疗。指从事各种病情诊断、治疗等医护业务。

8. 法律。指受托担任辩护律师、法律顾问，撰写辩护词、起诉书等法律文书的业务。

9. 会计。指受托从事会计核算的业务。

10. 咨询。指对客户提出的政治、经济、科技、法律、会计、文化等方面的问题进行解答、说明的业务。

11. 讲学。指应邀（聘）进行讲课、作报告、介绍情况等业务。

12. 新闻。指提供新闻信息、编写新闻消息的业务。

13. 广播。指从事播音等劳务。

14. 翻译。指受托从事中、外语言或文字的翻译（包括笔译和口译）的业务。

15. 审稿。指对文字作品或图形作品进行审查、核对的业务。

16. 书画。指按客户要求，或自行从事书法、绘画、题词等业务。

17. 雕刻。指代客镌刻图章、牌匾、碑、玉器、雕塑等业务。

18. 影视。指应邀或应聘在电影、电视节目中出任演员，或担任导演、音响、化妆、道具、制作、摄影等等与拍摄影视节目有关的业务。

19. 录音。指用录音器械代客录制各种音像带的业务，或者应邀演讲、演唱、采访而被录音的服务。

20. 录像。指用录像器械代客录制各种图像、节目的业务，或者应邀表演、采访并录像的业务。

21. 演出。指参加戏剧、音乐、舞蹈、曲艺等文艺演出活动的业务。

22. 表演。指从事杂技、体育、武术、健美、时装、气功以及其他技巧性表演活动的业务。

23．广告。指利用图书、报纸、杂志、广播、电视、电影、招贴、路牌、橱窗、霓虹灯、灯箱、墙面及其他载体，为介绍商品、经营服务项目、文体节目或发布通告、声明等事项，所作的宣传和提供相关服务的业务。

24．展览。指举办或参加书画展、影展、盆景展、邮展、个人收藏品展、花鸟虫鱼展等各种展示活动的业务。

25．技术服务。指利用一技之长进行技术指导、提供技术帮助的业务。

26．介绍服务。指介绍供求双方商谈，或者介绍产品、经营服务项目等服务的业务。

27．经纪服务。指经纪人通过居间介绍，促成各种交易和提供劳务等服务的业务。

28．代办服务。指代委托人办理受托范围内的各项事宜的业务。

29．其他劳务。指上述列举28项劳务项目之外的各种劳务。

---

**提问与思考**

个人为单位题字获得的报酬应该如何计算个人所得税？

**分析与回答**

劳务报酬所得，是指个人从事设计、装潢、安装、制图、化验、测试、医疗、法律、会计、咨询、讲学、新闻、广播、翻译、审稿、书画、雕刻、影视、录音、录像、演出、表演、广告、展览、技术服务、介绍服务、经纪服务、代办服务以及其他劳务取得的所得。因此，个人为单位题字获得的报酬应当按“劳务报酬所得”税目缴纳个人所得税。

---

在实际操作过程中，可能出现难以判定一项所得是工资、薪金所得，还是劳务报酬所得的情况。两者的区别在于：工资、薪金所得属于非独立个人劳务活动，即在机关、团体、学校、部队、企业、事业单位及其他组织中任职、受雇而得到的报酬；而劳务报酬所得则是个人独立从事各种技艺、提供各项劳务取得的报酬。

判断一项所得是否适用劳务报酬所得的税目时，需要注意：单位的职工不能在本单位获得劳务报酬所得。

**提问与思考**

某企业组织职工进行技能大赛，聘请3名外部人员、2名本单位技术人员做评委，每人获得报酬1 000元，并对每个评委均按劳务报酬所得扣缴个人所得税40元，是否正确？

**分析与回答**

在5名评委中，3名外部评委获得的1 000元所得应该按照“劳务报酬所得”扣缴个人所得税；而2名内部评委获得的1 000元所得则应该按照“工资、薪金所得”缴纳个人所得税，因为这2名内部评委属于本单位职工，本单位职工不能在本单位获得劳务报酬所得。

## 二、劳务报酬所得的特殊项目

### （一）办班收入

个人无须经政府有关部门批准并取得执照举办学习班、培训班的，其取得的办班收入属于“劳务报酬所得”应税项目，应按税法规定计征个人所得税。其中办班者每次收入按以下方法确定：一次性收取学费的，以一期取得的收入为一次；分次收取学费的，以每月取得的收入为一次。个人经政府有关部门批准并取得执照举办学习班、培训班的，其取得的办班收入按“个体工商户的生产、经营所得”计算缴纳个人所得税。

### （二）个人在广告设计、制作、发布过程中提供名义、形象而取得的所得

个人在广告设计、制作、发布过程中提供名义、形象（代言）而取得的所得应按“劳务报酬所得”项目计算纳税；提供其他劳务取得的所得，视其情况分别按照税法规定的“劳务报酬所得”、“稿酬所得”、“特许权使用费所得”等应税项目计算纳税。个人在广告设计、制作、发布过程中取得的由本单位支付的所得，按“工资、薪金所得”项目计算纳税。

劳务报酬所得以纳税人每参与一项广告设计、制作、发布所取得的所得为一次。

（三）个人提供有形商品推销、代理等服务活动取得的收入

非本企业雇员为企业提供非有形商品推销、代理等服务活动取得的佣金、奖励和劳务费等名目的收入，无论该收入采用何种计取方法和支付方式，均应计入个人从事服务业应税劳务的营业额，按照《中华人民共和国营业税暂行条例》及其实施细则和其他有关规定计算征收营业税；上述收入扣除已缴纳的营业税税款后，应计入个人的劳务报酬所得，计算征收个人所得税。

（四）个人从事医疗服务活动取得的收入

受医疗机构临时聘请坐堂门诊及售药，由该医疗机构支付报酬，或收入与该医疗机构按比例分成的人员，其取得的所得，按照“劳务报酬所得”应税项目缴纳个人所得税，以一个月内取得的所得为一次，税款由该医疗机构代扣代缴。

（五）影视演职人员参加本单位拍摄所取得的报酬

对电影制片厂导演、演职人员参加本单位的影视拍摄所取得的报酬，应按“工资、薪金所得”应税项目计征个人所得税。对电影制片厂为了拍摄影视片而临时聘请非本厂导演、演职人员，其所取得的报酬，应按“劳务报酬所得”应税项目计征个人所得税。

（六）兼职取得的收入

个人兼职取得的收入应按照“劳务报酬所得”应税项目征收个人所得税。

（七）保险营销员的佣金收入

保险营销员的佣金由展业成本和劳务报酬构成。按照《税法》规定，对佣金中的展业成本，不征收个人所得税；对劳务报酬部分，扣除实际缴纳的营业税金及附加后，依照税法有关规定计算征收个人所得税。根据目前保险营销员展业的实际情况，佣金中展业成本的比例暂定为40%。

（八）营销人员所获得的免费旅游奖励

按照我国现行个人所得税法律法规有关规定，对商品营销活动中，企业和单位对营销业绩突出人员以培训班、研讨会、工作考察等名义组织旅游活动，通过免收差旅费、旅游费对个人实行的营销业绩

奖励（包括实物、有价证券等），应根据所发生费用全额计入营销人员应税所得，依法征收个人所得税，并由提供上述费用的企业和单位代扣代缴。其中，对企业雇员享受的此类奖励，应与其当期的工资、薪金合并，按照工资、薪金所得项目征收个人所得税；对其他人员享受的此类奖励，应作为当期的劳务收入，按照“劳务报酬所得”项目征收个人所得税。

（九）独立董事津贴

个人（非本单位雇员）担任董事职务所取得的董事费收入，属于劳务报酬性质，按“劳务报酬所得”项目征税。

（十）翻译、审稿、书画所得

对不以图书、报刊出版、发表的翻译、审稿、书画所得不按“稿酬所得”缴纳个人所得税，而应该按照“劳务报酬所得”缴纳个人所得税。

## 三、劳务报酬所得应纳税所得额的规定

（一）一般情况下费用扣除标准

一般情况下，劳务报酬所得实行定额和定率相结合的扣除方式，即：每次收入不足4 000元的，应纳税所得额按每次收入额减去800元计算；每次收入在4 000元以上的，应纳税所得额按每次收入扣除20%后的余额计算。

（二）每次收入的确定

1. 只有一次性收入的，以取得该项收入为一次。例如从事设计、安装、装潢、制图、化验、测试等劳务，往往是接受客户的委托，按照客户的要求，完成一次劳务后取得收入。因此，属于只有一次性的收入，应以每次提供劳务取得的收入为一次。

2. 属于同一事项连续取得收入的，以一个月内取得的收入为一次。例如，王某为国内一所大学的著名教授，他经常到全国各地进行演讲。2012年7月，他在某大学就环保问题连续演讲两次，分别获得演讲费3 000元和5 000元。王某在计税时，应以8 000元（3 000+5 000）作为一次收入，而不是以3 000元和5 000元分别计税。

**【对导入案例3-1的分析】** 任双双取得的收入为一次性收入；由于张林教授同公司分别签订了咨询和讲学合同，而咨询和讲学又属于不同的劳务报酬所得项目，可以作为两次收入，分别减除费用，计算缴纳个人所得税；张磊的两项劳务事项未单独签订合同，应属一次性收入。

## 四、劳务报酬所得的税率

劳务报酬所得，适用比例税率，税率为20%。但对劳务报酬所得一次畸高的，实行加成征收的办法。根据《中华人民共和国个人所得税法实施条例》（以下简称《个人所得税法实施条例》）规定，"劳务报酬一次收入畸高"，是指个人一次性取得的劳务报酬，其应纳税所得额超过20 000元。对应纳税所得额超过20 000～50 000元的部分，按照税法规定计算的应纳税额，加征五成；超过50 000元的部分，加征十成。因此，劳务报酬所得实际上适用20%、30%和40%的三级超额累进税率，见表3-1。

**表3-1 劳务报酬所得个人所得税税率表**

| 级数 | 每次应纳税所得额 | 税率（%） | 速算扣除数（元） |
| --- | --- | --- | --- |
| 1 | 不超过20 000元的部分 | 20 | 0 |
| 2 | 超过20 000～50 000元的部分 | 30 | 2 000 |
| 3 | 超过50 000元的部分 | 40 | 7 000 |

注：本表所称每次应纳税所得额是指每次收入不超过4 000元的，减除费用800元。超过4 000元的，减除20%的费用，其余额为应纳税所得额。

## 五、劳务报酬所得应纳税额的计算

对劳务报酬所得，其个人所得税应纳税额的计算公式如下：

1. 每次收入不足4 000元的

应纳税额＝应纳税所得额×适用税率

或 ＝（每次收入额－800）×20%

2. 每次收入在4 000元以上的

应纳税额＝应纳税所得额×适用税率－速算扣除数

或 ＝每次收入额×（1－20%）×适用税率－速算扣除数

**【对导入案例 3-1 的解析】**

1．支付任双双演出收入 50 000 元，演出收入应按劳务报酬所得计算个人所得税。

应纳税所得额 = 50 000 × （1 − 20%） = 40 000（元）

应纳税额 = 40 000 × 30% − 2 000 = 10 000（元）

2．因为张林教授与企业分别签订咨询和讲学合同，合同金额分别为 2 000 元和 3 000 元，则：

咨询收入应纳税额 = (2 000 − 800) × 20% = 240（元）

讲学收入应纳税额 = (3 000 − 800) × 20% = 440（元）

合计应纳个人所得税 680 元。

3．张磊没有同公司分别签订合同，设计费 1 000 元和装潢费 2 000 元均属于同一事项的收入，应按一次收入处理，减除一次费用计算应纳税所得额。

应纳税额 = (1 000 + 2 000 − 800) × 20% = 440（元）

## 六、为纳税人代付税款（不含税所得）的计算方法

如果单位或个人为纳税人代付税款，应当将单位或个人支付给纳税人的不含税支付额（或称纳税人的不含税收入额）换算为应纳税所得额，然后按规定计算应代付的个人所得税税款。其计算公式为：

1．不含税收入额为 3 360 元（即含税收入额为 4 000 元）以下的：

应纳税所得额 = (不含税收入额 − 800) ÷ (1 − 税率)

应纳税额 = 应纳税所得额 × 适用税率

2．不含税收入额为 3 360 元（即含税收入额为 4 000 元）以上的：

应纳税所得额 = [(不含税收入额 − 速算扣除数) × (1 − 20%)] ÷ [1 − 税率 × (1 − 20%)]

或， = [(不含税收入额 − 速算扣除数) × (1 − 20%)] ÷ 当级换算系数

应纳税额 = 应纳税所得额 × 适用税率 − 速算扣除数。

此公式中的税率和速算扣除数是不含税劳务报酬收入适用税率表（见表 3-2）中的税率与速算扣除数，在计算税额时直接用应纳税所得额乘以对应税率并减去速算扣除数，不要再减 800 元或 20% 的扣除费用。

表 3-2　不含税劳务报酬收入适用税率表

| 级数 | 不含税劳务报酬收入额 | 税率（%） | 速算扣除数（元） | 换算系数（%） |
|---|---|---|---|---|
| 1 | 未超过 3 360 元的部分 | 20 | 0 | 无 |
| 2 | 超过 3 360 ~ 21 000 元的部分 | 20 | 0 | 84 |
| 3 | 超过 21 000 ~ 49 500 元的部分 | 30 | 2 000 | 76 |
| 4 | 超过 49 500 元的部分 | 40 | 7 000 | 68 |

**【例 3-1】**　高级工程师赵亮为 A 公司进行一项工程设计，按照合同规定，公司应支付赵亮劳务报酬 48 000 元，与其报酬相关的个人所得税由公司代付。在不考虑其他税收的情况下，计算公司应代付的个人所得税税额。

（1）代付个人所得税的应纳税所得额 =［（48 000 － 2 000）×（1 － 20%）］÷76% =48 421. 05（元）

（2）应代付个人所得税 =48 421. 05 ×30% －2 000 =12 526. 32（元）

**【资料链接 3-1】**

### 投资方代缴明星个税频叫苦　准备列“黑名单”①

记者近日从业内获悉，与其他国家的演员相比，中国演员享有“特权”，那就是他们的“片酬”并不包括个人所得税及其助手、化妆师、宣传人员等其他人员的花费。由于这些都需要投资方另外买单，无形中增加了影片的制作成本，几乎让所有的投资方叫苦不迭。

在这诸多费用中个人所得税最让投资方头疼。“比如一个演员的片酬是 1 000 万元，这笔钱他拿走了，但个人所得税大概还得 200 来万元，这个也得投资方来缴；等一切都办好了，你再把税票交到演员手里。”一位不愿透露姓名的投资人在谈到这一现象时气愤不已：“凭什么你挣钱，要我来给你缴税?”

实际上，演员个税由投资方缴纳并非个别现象，而是中国演艺界公

① 资料来源：摘自《东南快报》，2011 年 5 月 19 日。

开的“潜规则”。“除非整个行业联合起来反对，单是某一家或几家投资方反对是没用的，愿意用他（她）的人多的是。”该投资人说。

不仅如此，除了个税，大腕演员们在拍戏过程中还经常要带助手、化妆师或宣传人员等。“这些人虽然不需要你支付他们工资，但他们的往返机票、食宿费用都得由投资方买单。”另一位不愿透露姓名的投资人表示：“有些演员甚至要带四五个助手，要求住豪华套房，机票还不能是打折的，要求简直到了苛刻的地步。”

该投资人同时表示，这些账不能全算到演员头上，“很多都是其经纪团队的要求”。

## 第二节　劳务报酬所得的纳税申报

“劳务报酬所得”项目应缴纳的个人所得税，应由支付所得的单位代扣代缴。扣缴单位应填写《扣缴个人所得税申报表》(见表3-3)，并在规定时间内进行申报。

**【对导入案例3-1的分析】**　兴华电器公司在支付任双双、张林、张磊三人的劳务报酬所得时，应代扣代缴这三个人的个人所得税。假设兴华电器公司不仅支付了上述三个人的劳务报酬，还支付了本单位职工的工资费用：

(1) 支付王丽工资7 600元，公司代扣的“三险一金”为1 560元；

(2) 支付郭勇工资8 200元，缴付的“三险一金”为1 680元；

请为兴华电器公司填写《扣缴个人所得税报告表》。

**解析：**

王丽应纳个人所得税 = (7 600 − 1 560 − 3 500) × 10% − 105 = 149（元）

郭勇应纳个人所得税 = (8 200 − 1 680 − 3 500) × 10% − 105 = 197（元）

《扣缴个人所得税申报表》的填写如表3-3所示。

**表 3-3　扣缴个人所得税申报表**

扣缴义务人编码：

扣缴义务人名称（公章）：兴华电器公司

金额单位：元（列至角分）

填表日期：2012 年 6 月 5 日

| 序号 | 纳税人姓名 | 身份证照类型 | 身份证照号码 | 国籍 | 所得项目 | 所得期间 | 收入额 | 免税收入额 | 允许扣除的税费 | 费用扣除标准 | 准予扣除的捐赠额 | 应纳税所得额 | 税率% | 速算扣除数 | 应扣税额 | 已扣税额 | 备注 |
|---|---|---|---|---|---|---|---|---|---|---|---|---|---|---|---|---|---|
| 1 | 2 | 3 | 4 | 5 | 6 | 7 | 8 | 9 | 10 | 11 | 12 | 13 | 14 | 15 | 16 | 17 | 18 |
| 合计 | | | | | | | | | | — | — | — | — | — | 11 466.00 | 11 466.00 | |
| 1 | 王丽 | 身份证 | ×× | 中国 | 工资、薪金所得 | 2012-5 | 7 600.00 | 1 560.00 | 0.00 | 3 500.00 | 0.00 | 2 540.00 | 10% | 105.00 | 149.00 | 149.00 | |
| 2 | 郭勇 | 身份证 | ×× | 中国 | 工资、薪金所得 | 2012-5 | 8 200.00 | 1 680.00 | 0.00 | 3 500.00 | 0.00 | 3 020.00 | 10% | 105.00 | 197.00 | 197.00 | |
| 3 | 任双双 | 身份证 | ×× | 中国 | 劳务报酬所得 | 2012-5 | 50 000.00 | 0.00 | 0.00 | 10 000.00 | 0.00 | 40 000.00 | 30% | 2 000.00 | 10 000.00 | 10 000.00 | 非雇员 |
| 4 | 张林 | 身份证 | ×× | 中国 | 劳务报酬所得 | 2012-5 | 2 000.00 | 0.00 | 0.00 | 800.00 | 0.00 | 1 200.00 | 20% | 0.00 | 240.00 | 240.00 | 非雇员 |
| 5 | 张林 | 身份证 | ×× | 中国 | 劳务报酬所得 | 2012-5 | 3 000.00 | 0.00 | 0.00 | 800.00 | 0.00 | 2 200.00 | 20% | 0.00 | 440.00 | 440.00 | 非雇员 |
| 6 | 张磊 | 身份证 | ×× | 中国 | 劳务报酬所得 | 2012-5 | 3 000.00 | 0.00 | 0.00 | 800.00 | 0.00 | 2 200.00 | 20% | 0.00 | 440.00 | 440.00 | 非雇员 |
| | | | | | | | | | | | | | | | | | |
| 扣缴义务人声明 | 我声明：此扣缴报告表是根据国家税收法律、法规的规定填报的，我确定它是真实的、可靠的、完整的。<br>声明人签字： | | | | | | | | | | | | | | | | |
| 会计主管签字： | | | | | | | 负责人签字： | | | | | 扣缴单位（或法定代表人）（签章）： | | | | | |
| 受理人（签章）： | | | | | | | | 受理日期：　年　月　日 | | | | | 受理税务机关（章）： | | | | |

国家税务总局监制

本表一式两份，一份扣缴义务人留存，一份报主管税务机关。

**【资料链接 3-2】**

**征收明星个税近 30 万元**①

记者昨日从扬州市地税局获悉，地税部门征收的 2012 年“烟花三月”国际经贸旅游节晚会参演人员的个人所得税近 30 万元，以税收杠杆维护了社会的公平、公正。

晚会演出收入属劳务报酬，达到 800 元以上，便应按相应的标准征收个税。今年的晚会，吸引了孙悦、刀郎、黄小琥等众多大牌明星助阵演出。扬州地税工作人员加班加点，主动服务这台晚会，方便演艺人员及时申报缴纳个人所得税。

当晚，江苏演艺公司受众多演艺界明星委托，来到扬州市地税局办税服务厅办理个人所得税代扣代缴手续。该公司办税员填写的申报表计算有误，地税人员认真审核演出合同后，指导该公司办税员纠正了申报错误，增加缴纳税款 9.3 万余元，使征缴额增加到近 30 万元。

## 第三节　劳务报酬所得的纳税筹划

如上所述，由于劳务报酬所得有加成征税的规定，因此其实际采用的是三级超额累进税率，一次收入数额越大，其适用的税率就越高。因此劳务报酬所得筹划方法的一般思路，就是通过增加费用开支尽量减少应纳税所得额，或者通过延迟收入、平分收入等方法，将每一次的劳务报酬所得安排在较低税率的范围内。

### 一、分项计算筹划法

《个人所得税法实施条例》中总共列举了 29 种形式的劳务报酬所得，对于这些所得属于一次性收入的，以取得该项收入为一次；属于同一项目

---

① 资料来源：转载自 http：//jsnews. jschina. com. cn/system/2012/05/01/013249301. shtml，访问时间 2012 年 5 月 15 日。

连续性收入的，以一个月内取得的收入为一次。这里的同一项目是指劳务报酬所得列举具体劳务项目中某一单项。个人兼有不同的劳务报酬所得，应当分别减除费用，计算缴纳个人所得税。个人在缴纳个人所得税时应充分利用这一规定，达到增加费用扣除，降低应纳税所得额和应纳税额的目的。

**【对导入案例3-1的分析】**　在导入案例中，张林教授充分利用了分项计算筹划法，分别与兴华电器公司签订了咨询和讲学合同，从而增加了费用扣除，降低了应纳税额。如果张林教授不作纳税筹划，不分别签订合同，则：

应纳个人所得税 = 5 000 ×（1 - 20%）× 20% = 800（元）

而张林教授分别签订了咨询和讲学合同，合同金额分别为2 000元和3 000元，则：

咨询报酬应纳个人所得税 =（2 000 - 800）× 20% = 240（元）

讲学报酬应纳个人所得税 =（3 000 - 800）× 20% = 440（元）

合计应纳个人所得税680元，与未经筹划的方案相比，张林教授可以节税120元。

## 二、支付次数筹划法

按税法规定，属于同一事项连续取得收入的，以一个月内取得的收入为一次。有的劳务不要求连续进行，而是跨月非连续进行的，相应的报酬也可以分解到若干个月支付，这样就可以避免在一个月内集中纳税。有的劳务报酬所得属于同一事项连续取得收入，但报酬取得不是按次或按月，而是半年或一年结算一次，在这种方式下取得的劳务报酬，在取得相关事实证明的情况下，可以以一个月内取得的收入为“一次”。

**【例3-2】**　王某为某企业职工，通过业余自学获得了注册会计师资格。他和某会计师事务所商定每年年终到该事务所兼职三个月，年底事务所一次性支付给他30 000元劳务报酬。对于该项所得应该如何进行纳税筹划？

**解析：**

如果事务所年底一次支付所得，按照一次所得扣缴王某的个人所得税，则应代扣代缴王某应纳税额的计算如下：

应纳税所得额 = 30 000 ×（1 - 20%）= 24 000（元）

应纳税额 = 24 000 × 30% − 2 000 = 5 200（元）

如果会计师事务所按月支付王某报酬，每月支付 10 000 元，则：

月应纳税额 = 10 000 ×（1 − 20%）× 20% = 1 600（元）

三个月总计应纳税额 = 1 600 × 3 = 4 800（元）

由年底一次支付改为按月分三次支付，王某可以少缴税款 400 元（5 200 − 4 800）。

## 三、费用转移筹划法

为他人提供劳务以取得报酬的个人，可以考虑由对方提供一定的福利，将本应由自己承担的费用改由对方提供，以达到规避个人所得税的目的。

可以考虑采用下列方式转移费用：由对方提供餐饮服务、报销交通开销、提供住宿、提供办公用具、安排实验设备等。这样就等于扩大了费用开支，相应地降低了自己的劳务报酬总额，从而使得该项劳务报酬所得适用较低的税率，或扣除超过 20% 的费用（一次劳务报酬少于 4 000 元时）。如果上述日常开支是不可避免的，由个人自己负担就不能在应纳税所得额中扣除，而由对方提供则能够扣除，虽减少了名义报酬额，但实际收益却有所增加。正如在第一章的操作练习中，美国前总统克林顿的酒店住宿、机票等费用由深圳京基房地产开发公司支付，而不是作为劳务费支付给克林顿本人，这样就达到了节税的目的。

**【例 3-3】** 李教授到外地某企业讲课，关于讲课的劳务报酬，李教授面临着两种选择：一种是企业给教授支付讲课费 60 000 元人民币，往返交通费 3 000 元、住宿费 5 000 元、伙食费 2 000 元等共计 10 000 元一概由李教授自己负责；另一种是企业支付教授讲课费 50 000 万元，往返交通费、住宿费、伙食费等全部由企业负责。试问李教授应该选择哪种方案？

**解析：**

1. 如果李教授自付交通费、住宿费及伙食费，则：

应纳个人所得税额 = 60 000 ×（1 − 20%）× 30% − 2 000 = 12 400（元）

个人所得税额应由企业代扣代缴。

李教授实际获得的讲课费 = 60 000 − 12 400 = 47 600（元）

李教授实际的净收入 =47 600 - 10 000 =37 600（元）

2．如果企业支付交通费、住宿费及伙食费，则：

个人应纳所得税额 =50 000 ×（1 -20%）×30% -2 000 =10 000（元）

李教授实际获得的讲课费 =50 000 - 10 000 =40 000（元）

若李教授选择第二种方案可多得 2 400 元（即 40 000 -37 600）。

由此可见，由企业支付交通费、住宿费及伙食费，教授可以获得更多的实际收益。而对于企业来讲，其实际支出没有增加，反而可能有所减少。原因有以下几点：

(1) 对于企业来讲，提供住宿比较方便，伙食问题一般也容易解决，因而这方面的开支对企业来说可以比个人自理时省去不少，企业的负担也不会加重多少。

(2) 费用的分散及减少，使得企业列支更加方便，也使得企业更乐意接受。

## 四、劳务报酬所得转化为工资、薪金所得的筹划法

由于劳务报酬所得和工资、薪金所得二者的应纳税所得额的计算不同、税率不同，所以有时通过二者的转化可达到节税的目的。

**【例 3-4】**　王先生 2012 年 2 月从 A 公司取得工资、薪金 2 500 元，由于单位工资太低，王先生同月在 B 公司找了一份兼职，取得收入 5 000 元。针对这种情况，王先生应该如何进行纳税筹划？

**解析：**

1．如果王先生与 B 公司没有固定的雇佣关系，则：

从 A 公司取得的工资、薪金没有超过扣除限额，不用纳税。

从 B 公司取得的劳务报酬应纳税额 =5 000 ×（1 -20%）×20% =800（元）。

2 月份王先生共应缴纳个人所得税 800 元。

2．如果王先生与 B 公司存在固定的雇佣关系，则两项收入应合并按工资、薪金所得缴纳个人所得税，则：

应纳税所得额 =5 000 +2 500 -3 500 =4 000（元）

应纳个人所得税 =4 000 ×10% -105 =295（元）

显然，在这种情况下，将劳务报酬所得转化为工资、薪金所得缴纳个人所得税是明智的。

### 五、利用政策的筹划

（一）代扣代缴手续费免税法

为了便于征管，我国采取了代扣代缴方式收缴税款，根据财税字［1994］020号文件的规定，对于个人办理代扣代缴税款手续，按规定取得的扣缴手续费免征个人所得税。

（二）中介费允许扣除法

个人在从事技术转让、提供劳务等活动的过程中可能会发生一些中介费用，对于个人在这些活动中支付的中介费，根据财税字［1994］020号文件规定，如果能提供有效、合法凭证的，允许从其所得中扣除。

## 【本章小结】

1. 劳务报酬所得，指个人独立从事非雇佣的各种劳务所取得的所得，包括29个纳税项目。有关纳税所得额，劳务报酬所得每次收入不足4 000元的，按每次收入额减去800元计算；每次收入在4 000元以上的，应纳税所得额按每次收入扣除20%后的余额计算劳务报酬所得，适用比例税率，税率为20%。但对劳务报酬所得一次收入畸高的，实行加成征收。

2. 劳务报酬所得每次收入在4 000元以下的，应纳税额=(每次收入额-800)×20%；每次收入在4 000元以上的，应纳税额=应纳税所得额×适用税率-速算扣除数=每次收入额×（1-20%）×适用税率-速算扣除数。

3. 如果单位或个人为纳税人代付税款，应当将单位或个人支付给纳税人的不含税支付额（或称纳税人的不含税收入额）换算为应纳税所得额，然后按规定计算应代付的个人所得税额。

4. "劳务报酬所得"项目应纳的个人所得税由支付单位代扣代缴，扣缴单位应填写《扣缴个人所得税申报表》；个人年所得12万元以上的，年度终了后自行申报个人所得税，填写《个人所得税纳税申报表》。

5. 劳务报酬所得纳税筹划方法有：分项计算筹划法，是指尽量分割个人兼有的不同劳务报酬所得项目，以分别减除费用，计算缴纳个人所得税；支付次数筹划法，是指增加劳务报酬的支付次数，避免集中支付劳务报酬；费用转移筹划法，是指将由个人支付的费用改由对方提供，劳务费用支付方总体支出不变，但降低了应纳税所得额，从而减少了应纳个人所得税；劳务报酬所得转化为工资、薪金所得的筹划法，在某些情况下，劳务报酬所得转化为工资、薪金所得，抵扣额可能会增加，税率可能会降低，从而减少应纳个人所得税。

## 【操作练习】

1. 根据第一章的操作练习，请写出克林顿总统应缴个人所得税38.66万元的计算过程。

2. 王某为国内某大学著名教授，他经常到各地进行演讲。2012年7月，他在某大学就纳米技术的应用问题连续演讲两次，分别获演讲费8 000元和5 000元。计算王某应缴纳的个人所得税。

3. 李某对张某的房屋进行设计与装潢，按合同规定，完工后张某应支付李某劳务报酬50 000元。李某对该项劳务报酬所得缴纳个人所得税10 000元。请对此项所得进行纳税筹划。

4. 刘某为A公司会计人员，另兼职B公司会计，因B公司规模小、业务量少，刘某不必每天去B公司做账，而是每个月去几次将当月工作完成即可。兼职报酬不是按月支付，B公司每年年底支付给刘某36 000元的劳务报酬。请对此进行纳税筹划。

# 第四章

# 个人经营所得纳税申报与纳税筹划

个人经营所得主要包括个体工商户、个人独资企业、合伙企业投资者的生产、经营所得，对企事业单位的承包经营、承租经营所得。

## 第一节 个体工商户生产、经营所得的纳税申报与纳税筹划

**【导入案例 4-1】** 张玉华在北京市朝阳区开办了一家个体酒楼，名为玉华酒楼。2012 年玉华酒楼的营业收入 800 000 元，营业成本 305 000 元，销售费用 80 000 元，管理费用 52 500 元，财务费用 27 500 元。营业成本中包括张玉华的工资每月 5 000 元，销售费用中包括广告费和业务宣传费 30 000 元，管理费用中包括业务招待费 11 000 元。此外玉华酒楼向佳惠食品厂投资，获得股息、红利所得 60 000 元。2012 年第 1 季度至第 4 季度张玉华已就其生产、经营所得累计预缴个人所得税 80 000 元。

**问题：**

1. 张玉华 2012 年应纳多少个人所得税？
2. 张玉华应如何填写《个体工商户所得税年度申报表》？

## 一、个体工商户生产、经营所得的适用范围

由于个体工商户、个人独资企业、合伙企业不具有法人资格，其生产经营所得无须缴纳企业所得税，但其投资者获得的生产、经营所得需要按照“个体工商户的生产、经营所得”项目缴纳个人所得税。

个体工商户的生产、经营所得具体包括：

1. 个体工商户从事工业、手工业、建筑业、交通运输业、商业、饮食业、服务业、修理业以及其他行业生产、经营取得的所得。

2. 个人经政府有关部门批准，取得执照，从事办学、医疗、咨询以及其他有偿服务活动取得的所得。

3. 其他个人从事个体工商业生产、经营取得的所得。

4. 个人因从事彩票代销业务取得的所得、出租车驾驶员从事个体出租车运营取得的收入，按“个体工商户的生产、经营所得”缴纳个人所得税。此处读者需要注意，对于出租车驾驶员取得的收入，分为两种情况：（1）出租汽车经营单位对出租车驾驶员采取单车承包或承租方式运营，出租车驾驶员从事客货运营取得的收入，按“工资、薪金所得”缴纳个人所得税；（2）从事个体出租车运营的出租车驾驶员取得的收入，按“个体工商户的生产、经营所得”缴纳个人所得税。出租车属于个人所有，但挂靠出租汽车经营单位或企事业单位，驾驶员向挂靠单位缴纳管理费的，或出租汽车经营单位将出租车所有权转移给驾驶员的，出租车驾驶员从事客货运营取得的收入，按照“个体工商户的生产、经营所得”缴纳个人所得税。

5. 个体工商户和从事生产、经营的个人，取得与生产、经营活动无关的其他各项应税所得，应分别按照其他应税项目的有关规定，计算缴纳个人所得税。如取得银行存款的利息所得、对外投资取得的股息所得，应按照“利息、股息、红利所得”项目的规定单独计征个人所得税。

6. 上述个体工商户和个人取得的与生产、经营有关的各项应纳税所得。

**【对导入案例 4-1 的分析】**　张玉华所创办的玉华酒楼属于个体酒楼，因此张玉华从玉华酒楼所获得的生产经营所得应该按照“个体工商户的生产、经营所得”项目缴纳个人所得税；而玉华酒楼对佳惠食品厂投资所获得的 60 000 元股息、红利所得则应该按照“利息、股息、红利所得”

项目缴纳个人所得税。

## 二、应纳税所得额的确定

个体工商户的生产、经营所得按年计算纳税，分月或分季预缴税款。

对于实行查账征收的个体工商户，其应纳税所得额是每一纳税年度的收入总额减除成本、费用以及损失后的余额。其计算公式为：

应纳税所得额 = 收入总额 - （成本 + 费用 + 损失）

成本、费用是指纳税义务人从事生产、经营所发生的各项直接支出和分配计入成本的间接费用以及销售费用、管理费用、财务费用；损失是指纳税义务人在生产、经营过程中发生的各项营业外支出。

在计算个体工商户的应纳税所得额时，需要注意下列具体规定：

1. 业主本人的工资支出不得扣除，自 2011 年 9 月 1 日起，费用扣除标准统一确定为 42 000 元/年，即 3 500 元/月。

2. 个体工商户向其从业人员实际支付的合理工资、薪金支出，允许在税前据实扣除。

3. 个体工商户拨缴的工会经费，发生的职工福利费、职工教育经费分别在工资、薪金总额的 2%、14%、2.5% 的标准内据实扣除。

4. 个体工商户每一纳税年度发生的广告费和业务宣传费不超过当年销售（营业）收入 15% 的部分，可以据实扣除；超过部分，准予以后年度结转扣除。

5. 个体工商户每一纳税年度发生的与其生产、经营有关的业务招待费支出，按照发生额的 60% 扣除，但最高不得超过当年销售（营业）收入的 5‰。

6. 个体工商户在生产、经营期间发生的借款利息支出，凡有合法证明的，按不高于金融机构同类、同期贷款利率计算的数额以内部分，准予扣除。

7. 个体工商户或个人专营种植业、养殖业、饲养业、捕捞业，其取得的“四业”所得暂不征收个人所得税。

8. 个体工商户和从事生产、经营的个人，取得与生产、经营活动无关的各项应税所得，应分别适用各应税项目的规定计算征收个人所得税。

从事生产、经营的纳税义务人未提供完整、准确的纳税资料，不能正确计算应纳税所得额的，由主管税务机关核定其应纳税所得额；对于无完整考核依据的纳税人采用定期定额的征收方式。

**【对导入案例4-1的分析】**　张玉华从玉华酒楼取得的生产、经营所得的应纳税所得额计算如下：

1．广告费和业务宣传费

税前扣除限额 = 800 000 × 15% = 120 000（元）

由于玉华酒楼实际支付的广告费和业务宣传费30 000元未超过扣除限额120 000元，因此在计算应纳税所得额时允许全额扣除，无须调整。

2．业务招待费

实际发生的业务招待费11 000元的60%为6 600元（11 000 × 60%），当年销售（营业）收入800 000元的5‰为4 000元（800 000 × 5‰），在计算应纳税所得额时只允许按照4 000元扣除，另外7 000元的业务招待费在计算应纳税所得额时不得扣除，需要调增应纳税所得额7 000元。

3．张玉华本人的工资

业主张玉华每月工资5 000元，全年工资60 000元在计算应纳税所得额时不得扣除，但允许定额扣除42 000元的业主费用。

其应纳税所得额 = 800 000 − 305 000 − 80 000 − 52 500 − 27 500 + (11 000 − 4 000) + 60 000 − 42 000 = 360 000（元）

玉华酒楼向佳惠食品厂投资，获得的股息、红利所得60 000元应该按照“利息、股息、红利所得”项目缴纳个人所得税。我们将在第五章中介绍“利息、股息、红利所得”应纳税额的计算。

## 三、个体工商户生产、经营所得的适用税率

个体工商户生产、经营所得的个人所得税按五级超额累进税率计算缴纳个人所得税（见表4-1）。

**表4-1　个体工商户的生产、经营所得个人所得税税率表**

| 级数 | 全年应纳税所得额 | 税率（%） | 速算扣除数（元） |
|---|---|---|---|
| 1 | 不超过15 000元的部分 | 5 | 0 |
| 2 | 超过15 000元至30 000元的部分 | 10 | 750 |
| 3 | 超过30 000元至60 000元的部分 | 20 | 3 750 |
| 4 | 超过60 000元至100 000元的部分 | 30 | 9 750 |
| 5 | 超过100 000元的部分 | 35 | 14 750 |

## 四、应纳税额的计算

个体工商户生产、经营所得个人所得税应纳税额的计算公式为：

应纳税额 = 应纳税所得额 × 适用税率 − 速算扣除数
= (全年收入总额 − 成本、费用以及损失) × 适用税率 − 速算扣除数

**【对导入案例 4-1 的分析】** 玉华酒楼的应纳税所得额为 360 000 元，适用税率 35%，速算扣除数为 14 750 元。

应纳税额 = 360 000 × 35% − 14 750 = 111 250（元）

由于张玉华已经就生产、经营所得预缴个人所得税 80 000 元，所以应该补缴个人所得税 31 250 元（111 250 − 80 000）。

## 五、个体工商户生产、经营所得个人所得税纳税申报

### （一）纳税申报方式

个体工商户的业主应自行申报缴纳个人所得税。自行申报纳税是由纳税人自行在税法规定的纳税期限内向税务机关申报取得的应税所得项目和数额，如实填写《个人所得税纳税申报表》，并按照税法规定计算应纳税额，据此缴纳个人所得税的一种方法。

个体工商户投资者取得的生产、经营所得应纳的税款，应按年计算，分月或分季预缴，年度终了汇算清缴，多退少补。纳税人在每月或每季终了后 15 日内办理纳税申报，纳税年度终了后，在 3 个月内进行汇算清缴。

纳税人可以采取数据电文、邮寄等方式申报，也可以直接到主管税务机关申报，或者采取符合主管税务机关规定的其他方式申报。

### （二）《个体工商户所得税年度申报表》及填写说明

个体工商户在办理纳税申报时，应认真计算应纳税额，填写《个体工商户所得税年度申报表》①（见表 4-2）。

① 各地的《个体工商户所得税纳税申报表》在样式上会有差异，这里以北京市的申报表样式举例。

**表 4-2 北京市地方税务局查账征收个体工商户所得税年度申报表**

纳税人身份证件类型及号码:

申报所属日期: 2012 年 1 月 1 日至 2012 年 12 月 31 日　　　　金额单位: 元

<table>
<tr><td>业主姓名</td><td colspan="3">张玉华</td><td>地址</td><td colspan="5">北京市朝阳区</td></tr>
<tr><td>户名</td><td colspan="9">玉华酒楼</td></tr>
<tr><td>业别</td><td>饮食业</td><td>开始生产经营日期</td><td>2008 年 5 月 1 日</td><td>银行账号</td><td></td><td>邮编</td><td></td><td>电话</td><td></td></tr>
<tr><td colspan="4">项　目</td><td colspan="6">金　额</td></tr>
<tr><td rowspan="5">应纳税所得额的计算</td><td colspan="3">1．全年［本月（次）］收入额</td><td colspan="6">800 000.00</td></tr>
<tr><td colspan="3">2．成本</td><td colspan="6">287 000.00</td></tr>
<tr><td colspan="3">3．费用</td><td colspan="6">153 000.00</td></tr>
<tr><td colspan="3">4．损失</td><td colspan="6">0.00</td></tr>
<tr><td colspan="3">5．全年（本月）应纳税所得额［1－（2+3+4）］</td><td colspan="6">360 000.00</td></tr>
<tr><td rowspan="7">应纳个人所得税额的计算</td><td colspan="3">6．税率</td><td colspan="6">35%</td></tr>
<tr><td colspan="3">7．速算扣除数</td><td colspan="6">14 750.00</td></tr>
<tr><td colspan="3">8．应纳所得税额（5×6－7）</td><td colspan="6">111 250.00</td></tr>
<tr><td colspan="3">9．减免税额</td><td colspan="6">0.00</td></tr>
<tr><td colspan="3">10．实际应纳税额（8－9）</td><td colspan="6">111 250.00</td></tr>
<tr><td colspan="3">11．全年预缴税额</td><td colspan="6">80 000.00</td></tr>
<tr><td colspan="3">12．应补（退）所得税额（10－11）</td><td colspan="6">31 250.00</td></tr>
<tr><td>授权代理人</td><td colspan="3">（如果你已委托代理人，请填写下列资料）<br>为代理一切税务事宜，现授权＿＿＿＿＿＿（地址）＿＿＿＿＿＿为本人代理申报人，任何与本申报表有关的来往文件都可寄与此人。<br>授权人签字＿＿＿＿＿</td><td>声明</td><td colspan="5">我声明，此纳税申报表是根据《中华人民共和国个人所得税法》的规定填报的，我确信它是真实的、可靠的、完整的。<br>声明人签字＿＿＿＿＿</td></tr>
</table>

填表日期:　　年　　月　　日　　　　代理申报人签字:　　　　纳税人签字:

## 《北京市地方税务局查账征收个体工商户所得税年度申报表》填写说明

1. 业主姓名：填写《税务登记证》中“法定代表人或负责人”姓名。

2. 户名：填写《税务登记证》中“纳税人名称”。

3. 业别：分别按商业、工业、建筑业、交通运输业、饮食业、服务业、修理业及其他行业填写。

4. 全年（本月）收入额：按月申报缴纳（预缴）税款的填写本月实际发生的生产经营收入额；查账征收户年终汇算清缴时填写全年实际发生的生产经营收入额。

5. 成本、费用、损失：查账征收户分月预缴时填写本月实际发生数额；年终汇算清缴时填写全年实际累计发生数额。

6. 全年（本月）应纳税所得额：查账征收户分月预缴时填写本月应纳税所得额；年终汇算清缴时填写全年应纳税所得额。

7. 税率（征收率）：查账征收户填写适用税率，申报定率定期定额征收个体工商户填写适用征收率。

8. 速算扣除数：查账征收户填写适用速算扣除数。

9. 应纳所得税额：

(1) 查账征收户分月预缴时按“［本月收入额－（成本＋费用＋损失)］×分月份换算表（一个月）适用税率－分月份换算表（一个月速算扣除数)”计算填写。

(2) 查账征收户年终汇算清缴时按“［全年收入额－（成本＋费用＋损失)］×适用率－适用速算扣除数”计算填写。

(3) 其他个体工商户按“月收入额×适用征收率”计算填写。

10. 全年预缴税额：查账征收户年终汇算清缴时填写全年1—12月份预缴税额合计数。

11. 应补（退）所得税额：查账征收户年终汇算清缴时填写。当应纳所得税额大于全年预缴税额时，填写应补所得税额；当应纳所得税额小于全年预缴税额时，填写应退所得税额。

**【对导入案例4-1的分析】** 张玉华在纳税年度终了后3个月内进行汇算清缴时，应就自己应纳的个人所得税填写《个体工商户所得税年度申报表》(见表4-2)。填写说明如下：

1. 第1栏“全年［本月（次）］收入额”，填写800 000元。

2. 第2栏“成本”，应填写与取得生产、经营所得相关的各项成本开支，不包括业主的工资，但包括每月允许扣除的费用。所以允许扣除的经营成本应为287 000元（305 000 - 60 000 + 42 000）。

3. 第3栏“费用”，应填写与取得生产、经营相关的费用，所以应填153 000元［80 000 + 52 500 + 27 500 - （11 000 - 4 000）］。

4. 第4栏“损失”，填写0。

5. 第5栏“全年（本月）应纳税所得额”，应填写360 000元［800 000 - （287 000 + 153 000 + 0）］。

6. 第6栏“税率”、第7栏“速算扣除数”，填写根据应纳税所得额查表确定的对应税率，为35%和14 750元。

7. 第8栏“应纳所得税额”，应为360 000×35% - 14 750 = 111 250（元）。

8. 第9栏“减免税额”，填写0元。

9. 第10栏“实际应纳税额” = 111 250 - 0 = 111 250（元）。

10. 第11栏“全年预缴税额”，填写全年累计预缴的个人所得税税额，故填写80 000元。

11. 第12栏“应补（退）所得税额” = 111 250 - 80 000 = 31 250（元）。

---

**提问与思考**

年度有所得不分配，需要缴纳个体工商户生产、经营所得的个人所得税吗？

**分析与回答**

个体工商户的生产、经营所得按年计算、分月或分季预缴企业所得税，年度终了3个月内汇算清缴，多退少补，不考虑所谓利润分配问题。因此年度有所得即使不分配，也需要缴纳个人所得税。

---

### 六、个体工商户所得的纳税筹划

一部分个体工商户采用查账方式缴纳个人所得税，因此个体工商户的纳税筹划主要在收入、成本费用、税率这三个环节，即在保证纳税筹划行为合法的前提下，如何使应税收入最小化，如何使与取得收入有关的成本费用最大化，如何使自己的应纳税所得额适用低档次的税率。

（一）递延收入筹划法

递延收入筹划法就是通过对取得收入的方式和时间、计算方法的选择、控制，以达到节税目的的筹划。例如，分期收款销售商品是根据合同约定日期确认收入，委托销售商品是在收到代销清单时确认收入，为了实现合理纳税期间，个体工商户可以在签订销售合同时选择不同的销货方式，在不同时期确认收入，实现递延纳税。

（二）成本费用前推筹划法

成本费用前推筹划法是基于税法对成本、费用的确认和计算的不同规定，根据企业情况选择有利方式的筹划。例如，存货的核算方法包括个别计价法、先进先出法、加权平均法、移动加权平均法等。因此，个体工商户在通货紧缩时成立或申请会计政策变更得到有关部门批准时，可以采用先进先出法核算成本；在物价变化不定时，可以采用加权平均法和移动加权平均法核算成本。这样可以提高企业成本，降低当期的应纳税所得额，推迟税款的缴纳。同样，对于折旧方法的选择有直线法、双倍余额递减法和年数总和法等，个体工商户为了达到递延纳税的目的，在税法允许的行业，可以采用双倍余额递减法、年数总和法等计提折旧。这样相当于企业获得了一种无息贷款。

（三）租赁筹划法

从个体工商户筹划的角度看，租赁也是个体工商户用以减轻税负的重要方法。在关联双方适用税率有差别的情况下，使利润流向税率较低的一方，效果更加显著。

（四）债务融资筹划法

个体工商户向银行或其他金融机构贷款，不仅可以在较短的时间内完成资金的筹措，而且归还的利息部分可以用作抵税，因此实际税负也减轻了。所以，个体工商户利用债务融资从事生产、经营活动是减轻税负的一个很好的方法。

## 第二节　个人独资企业、合伙企业生产、经营所得的纳税申报与纳税筹划

**【导入案例4-2】**　杨宗在广州市市区投资兴办了一家个人独资企业——乐哈哈食品加工厂。

2012年乐哈哈食品加工厂经营情况如下：当年销售收入900 000元，销售成本600 000元，费用、税金共计280 000元，营业外支出25 800元。管理费用中包括杨宗每月工资8 000元、健身卡6 000元、业务招待费10 000元。杨宗的生产、经营所得已经按季度预缴个人所得税8 000元。

**问题：**

1. 2012年杨宗投资乐哈哈食品加工厂获得的所得应补缴多少个人所得税？

2. 杨宗投资的乐哈哈食品加工厂应如何填写《个人独资企业和合伙企业投资者个人所得税申报表》？

**【导入案例4-3】**　杨宗和赵志强合伙开办了一家企业——宇鹏餐厅，该餐厅因会计核算不健全，税务机关对其采用核定征税的方法，2012年该餐厅收入总额为225 000元，税务机关要求其按收入核定征收个人所得税，核定的应税所得率为20%。按照合伙协议，杨宗与赵志强按3∶7的比例对经营所得分成。杨宗和赵志强已经分别按季度预缴了300元、700元的个人所得税。

**问题：**

1. 2012年杨宗和赵志强从宇鹏餐厅获得的所得各应补缴多少个人所得税？

2. 杨宗和赵志强应如何填写《个人独资企业和合伙企业投资者个人所得税申报表》？

3. 杨宗应如何填写《合伙企业投资者个人所得税汇总申报表》？

### 一、个人独资企业、合伙企业个人所得税的应纳税所得额

个人独资企业和合伙企业由于不具有法人资格，因为无须缴纳企业所

得税，其投资者的生产经营所得，按照“个体工商户的生产、经营所得”应税项目，征收个人所得税。

**提问与思考**

刘素菲在取得律师执业资格后，与另外2名律师出资兴办了一个合伙性质的律师事务所，请问这3名律师应该如何缴纳个人所得税？

**分析与回答**

律师个人出资兴办的独资和合伙性质的律师事务所的年度经营所得，从2000年1月1日起，停止征收企业所得税，作为出资律师的个人经营所得，按照有关规定，按照“个体工商户的生产、经营所得”应税项目征收个人所得税。在计算其经营所得时，出资律师本人的工资、薪金不得扣除。

个人独资企业和合伙企业应纳税所得额的确定有查账征税和核定征税两种方式。

（一）查账征税应纳税所得额的确定

个人独资企业的投资者以全部生产、经营所得为应纳税所得额；合伙企业的投资者按照合伙企业的全部生产、经营所得和合伙协议约定的分配比例，确定应纳税所得额。合伙协议没有约定分配比例的，以全部生产、经营所得和合伙人数量平均计算每个投资者的应纳税所得额。生产、经营所得包括企业分配给投资者个人的所得和企业当年留存的所得（利润）。

在计算应纳税所得额时，注意以下问题：

1. 企业向其从业人员实际支付的合理的工资、薪金支出，允许据实扣除。

2. 投资者的工资不能扣除，只能按费用标准扣除。自2011年9月1日起，个人独资企业和合伙企业投资者本人的费用扣除标准统一为42 000元/年，即3 500元/月。投资者兴办两个或两个以上企业的，其费用扣除标准由投资者选择在其中一个企业的生产、经营所得中扣除。

3. 投资者及其家庭发生的生活费用不允许在税前扣除，投资者及其家庭发生的生活费用与企业生产、经营费用混合在一起，并且难以划分的，全部视为投资者个人及其家庭发生的生活费用，不允许在税前扣除。

4. 企业生产、经营和投资者及其家庭生活共用的固定资产，难以划分的，由主管税务机关根据企业的生产、经营类型、规模等具体情况，核定准予在税前扣除的折旧费用的数额或比例。

5. 企业拨缴的工会经费、发生的职工福利费、职工教育经费支出分别在其工资薪金总额的2%、14%、2.5%的标准内据实扣除。

6. 企业每一纳税年度发生的广告费和业务宣传费用不超过当年销售（营业）收入15%的部分，可据实扣除；超过部分可无限期向以后纳税年度结转。

7. 企业每一纳税年度发生的与其生产、经营有关的业务招待费支出，按照发生额的60%扣除，但最高不得超过当年销售（营业）收入的5‰。

8. 企业计提的各种准备金不得扣除。

9. 个人独资企业、合伙企业的个人投资者以企业资金为本人、家庭成员及其相关人员支付与生产、经营无关的消费性支出及购买汽车、住房等财产性支出，视为企业对个人投资者进行利润分配，并入投资者个人的生产、经营所得，依照“个体工商户的生产、经营所得”应税项目，征收个人所得税。

10. 企业的年度亏损，允许用本企业下一年度的生产、经营所得弥补，下一年度所得不足弥补的，允许逐年延续弥补，但最长不得超过5年。投资者兴办两个或两个以上企业的，企业的年度经营亏损不能跨企业弥补。

11. 投资者兴办两个或两个以上企业，并且企业性质全部是独资的，年度终了后，汇算清缴时，应纳税额的计算按以下办法进行：

（1）汇总其投资经营的所有企业的经营所得作为应纳税所得额，以此确定适用税率和速算扣除数；

$$应纳税所得额 = \sum 各个企业的经营所得$$

（2）以汇总的应纳税所得额为标准确定适用税率和速算扣除数；

（3）以汇总所得作为应纳税所得额，按照与其相对应的适用税率和速算扣除数计算整体应纳税额；

$$应纳税额 = 应纳税所得额 \times 税率 - 速算扣除数$$

（4）根据每个企业的经营所得占所有经营所得的比例，分别计算出每个企业的应纳税额和应补缴税额

$$本企业应纳税额 = 应纳税额 \times (本企业的经营所得 \div \sum 各个企业的经营所得)$$

$$本企业应补缴的税额 = 本企业应纳税额 - 本企业预缴的税额$$

**提问与思考**

杨帆于2012年3月开办了一家小型超市，该超市的性质为个人独资企业。杨帆的家庭轿车经常用于为超市运输各种小商品，请问在计算应纳税所得额时是否允许扣除其轿车的折旧？

**分析与回答**

杨帆的家庭轿车属于企业生产、经营和投资者及其家庭生活共用的固定资产，难以划分的，应由主管税务机关根据超市的生产、经营类型、规模等具体情况，核定准予在税前扣除的轿车折旧费用的数额或比例。

**【对导入案例4-2的分析】**

1. 乐哈哈食品加工厂管理费用包括的杨宗每月工资8 000元，全年共计96 000元，在计算应纳税所得额时不得扣除，但是可以扣除定额业主费用42 000元；

2. 为杨宗购买健身卡的6 000元属于以企业资金为投资者支付与生产、经营无关的消费性支出，应视为企业对个人投资者进行利润分配，并入投资者个人的生产、经营所得征收个人所得税，在计算应纳税所得额时不得扣除；

3. 业务招待费10 000元的税务处理：

业务招待费实际发生额10 000元的60%为6 000元，当年销售收入900 000元的5‰为4 500元，在计算应纳税所得额时只允许扣除4 500元，另外5 500元不得扣除，需要纳税调增。

杨宗的应纳税所得额 = 900 000 - 600 000 - 280 000 - 25 800 + 96 000 - 42 000 + 6 000 + 5 500 = 59 700（元）

（二）核定征税应纳税所得额的确定

核定征税方式包括定额征收、核定应税所得率征收以及其他合理的征收方法。

实行核定应税所得率征收方式的，应纳税所得额的计算公式如下：

应纳税所得额 = 收入总额 × 应税所得率

或，　　　　　= 成本费用支出额 ÷（1 - 应税所得率）× 应税所得率

应税所得率按照表4-3规定的标准执行。

表 4-3　个人所得税应税所得率表

| 行业 | 应税所得率（%） |
| --- | --- |
| 工业、交通运输业、商业 | 5 ~ 20 |
| 建筑业、房地产开发业 | 7 ~ 20 |
| 饮食服务业 | 7 ~ 25 |
| 娱乐业 | 20 ~ 40 |
| 其他行业 | 10 ~ 30 |

企业经营多业的，无论经营项目是否单独核算，均应根据其主营项目确定其适用的应税所得率。

实行核定征税的投资者，不能享受个人所得税的优惠政策。查账征税改为核定征税的纳税人，查账征税方式下认定的年度经营亏损未弥补完的部分，不得再继续弥补。

**【对导入案例 4-3 的分析】**　由于杨宗和赵志强开办的宇鹏餐厅会计核算不健全，税务机关对其采用核定应税所得率的方法计算应纳税所得额。

应纳税所得额 = 收入总额 × 应税所得率 = 225 000 × 20% = 45 000（元）

杨宗的应纳税所得额 = 45 000 × 30% = 13 500（元）

赵志强的应纳税所得额 = 45 000 × 70% = 31 500（元）

## 二、税率

个人独资企业、合伙企业个人所得税税率表与个体工商户生产、经营所得的税率表完全相同，也是五级超额累进税率（见表 4-4）。

表 4-4　个人独资企业、合伙企业个人所得税税率表

| 级数 | 全年应纳税所得额 | 税率（%） | 速算扣除数（元） |
| --- | --- | --- | --- |
| 1 | 不超过 15 000 元的部分 | 5 | 0 |
| 2 | 超过 15 000 元至 30 000 元的部分 | 10 | 750 |
| 3 | 超过 30 000 元至 60 000 元的部分 | 20 | 3 750 |
| 4 | 超过 60 000 元至 100 000 元的部分 | 30 | 9 750 |
| 5 | 超过 100 000 元的部分 | 35 | 14 750 |

### 三、应纳税额的计算

个人独资企业、合伙企业个人所得税应纳税额的计算公式与个体工商户生产、经营所得应纳税额的计算公式完全相同。

应纳税额 = 应纳税所得额 × 适用税率 - 速算扣除数

= (全年收入总额 - 成本、费用以及损失) × 适用税率 - 速算扣除数

**【对导入案例 4-2 的分析】** 杨宗的应纳税所得额为 59 700 元，适用税率为 20%，速算扣除数为 3 750 元，因此：

杨宗应纳税额 = 59 700 × 20% - 3 750 = 8 190（元）

杨宗应补税额 = 8 190 - 8 000 = 190（元）

**【对导入案例 4-3 的分析】** 杨宗的应纳税所得额为 13 500 元，适用税率为 5%，因此：

杨宗应纳税额 = 13 500 × 5% = 675（元）

杨宗应补税额 = 675 - 300 = 375（元）

赵志强的应纳税所得额为 31 500 元，适用税率为 20%，速算扣除数为 3 750 元，因此：

赵志强应纳税额 = 31 500 × 20% - 3 750 = 2 550（元）

赵志强应补税额 = 2 550 - 700 = 1 850（元）

### 四、个人独资企业和合伙企业的纳税申报

由于个人独资企业和合伙企业的投资者比照个体工商户的生产、经营所得计税，所以，个人独资企业和合伙企业的纳税申报也属于自行申报。

#### （一）查账征收方式纳税申报表的填写

实行查账征收方式征收个人所得税的投资者，按年计算，分月或分季预缴个人所得税，由投资者在每月或每季度终了后 15 日内预缴，并向主管税务机关报送《查账征收个人独资企业和合伙企业投资者个人所得税季度（年度）申报表》（见表 4-5）。年度终了后 3 个月内汇算清缴，多退少补，同时向主管税务机关报送《查账征收个人独资企业和合伙企业投资者个人所得税季度（年度）申报表》，并附送年度会计决算报表和预缴个人所得税纳税凭证。

**表 4-5　查账征收个人独资企业和合伙企业投资者个人所得税季度（年度）申报表**

纳税人识别号：□□□□□□□□□□□□□□□□□□□□

纳税人名称：（公章）

税款所属期限：自 2012 年 1 月 1 日至 2012 年 12 月 31 日

填表日期：2013 年 3 月 15 日　　　　　　　　　　　　　金额单位：元（列至角分）

<table>
<tr><td>投资者姓名</td><td>杨宗</td><td>投资者身份证号码</td><td colspan="3"></td></tr>
<tr><td>企业名称</td><td>乐哈哈食品加工厂</td><td>企业税务登记号</td><td></td><td>企业电话</td><td></td></tr>
<tr><td>企业地址</td><td></td><td>行业类别</td><td></td><td>企业银行账号</td><td></td></tr>
</table>

<table>
<tr><th>项　　目</th><th>行次</th><th>累计数</th><th>补充资料</th></tr>
<tr><td>一、收入总额</td><td>1</td><td>900 000.00</td><td rowspan="16">1. 年平均职工人数　　人<br>2. 工资总额　　元<br>3. 从其他企业取得的生产经营所得<br>（1）　　（分配比例　%）<br>（2）　　（分配比例　%）<br>（3）　　（分配比例　%）<br>（4）　　（分配比例　%）<br>4. 实行核定应税所得率征收方式的应税所得率为　　%</td></tr>
<tr><td>减：成本</td><td>2</td><td>600 000.00</td></tr>
<tr><td>费用、税金</td><td>3</td><td>280 000.00</td></tr>
<tr><td>营业外支出</td><td>4</td><td>25 800.00</td></tr>
<tr><td>二、企业利润总额</td><td>5</td><td>-5 800.00</td></tr>
<tr><td>三、纳税调整增加额</td><td>6</td><td>107 500.00</td></tr>
<tr><td>1. 超过规定标准扣除的项目</td><td>7</td><td>5 500.00</td></tr>
<tr><td>（1）从业人员工资支出</td><td>8</td><td>0.00</td></tr>
<tr><td>（2）职工福利费</td><td>9</td><td>0.00</td></tr>
<tr><td>（3）职工教育经费</td><td>10</td><td>0.00</td></tr>
<tr><td>（4）工会经费</td><td>11</td><td>0.00</td></tr>
<tr><td>（5）利息支出</td><td>12</td><td>0.00</td></tr>
<tr><td>（6）广告费</td><td>13</td><td>0.00</td></tr>
<tr><td>（7）业务招待费</td><td>14</td><td>5 500.00</td></tr>
<tr><td>（8）教育和公益事业捐赠</td><td>15</td><td>0.00</td></tr>
<tr><td>（9）提取折旧费</td><td>16</td><td>0.00</td></tr>
<tr><td>（10）无形资产摊销</td><td>17</td><td>0.00</td><td rowspan="4">纳税人或代理人声明：<br>此纳税申报表是根据国家税收法律的规定填报的，我确信它是真实的、可靠的、完整的。</td></tr>
<tr><td>（11）其他</td><td>18</td><td>0.00</td></tr>
<tr><td>2. 不允许扣除的项目</td><td>19</td><td>102 000.00</td></tr>
<tr><td>（1）资本性支出</td><td>20</td><td>0.00</td></tr>
</table>

续表

| | | | | |
|---|---|---|---|---|
| （2）无形资产受让、开发支出 | 21 | 0.00 | 如纳税人填报，由纳税人填写以下各栏 | |
| （3）违法经费罚款和被没收财物损失 | 22 | 0.00 | 经办人（签章） | |
| （4）税收滞纳金、罚金、罚款 | 23 | 0.00 | 会计主管（签章） | |
| （5）灾害事故损失赔偿 | 24 | 0.00 | 法定代表人（签章） | |
| （6）非教育和公益事业捐赠 | 25 | 0.00 | 如委托代理人填报，由代理人填写以下各栏 | |
| （7）各种赞助支出 | 26 | 0.00 | 代理人名称 | |
| （8）计提的各种准备金 | 27 | 0.00 | 经办人（签章） | |
| （9）投资者的工资 | 28 | 96 000.00 | 联系电话 | |
| （10）与收入无关的支出 | 29 | 6 000.00 | 代理人（公章） | |
| 3. 应税收益项目 | 30 | 0.00 | | |
| （1）少计应税收益 | 31 | 0.00 | | |
| （2）未计应税收益 | 32 | 0.00 | | |
| 四、纳税调整减少额 | 33 | 42 000.00 | （本栏目由税务机关填写） | |
| 1. 弥补亏损 | 34 | 0.00 | 收到日期： | |
| 2. 国库券利息收入 | 35 | 0.00 | 接收人： | |
| 3. 投资者标准费用扣除额 | 36 | 42 000.00 | 审核日期： | |
| 4. 其他 | 37 | 0.00 | 审核记录： | |
| 五、经纳税调整后的生产经营所得 | 38 | 59 700.00 | 主管税务机关盖章 | |
| 六、应纳税所得额（分配比例 100%） | 39 | 59 700.00 | 年　月　日<br>主管税务官员签字： | |
| 七、适用税率 | 40 | 20% | | |
| 八、应纳所得税额 | 41 | 8 190.00 | | |
| 减：减、免所得税额 | 42 | 0.00 | | |
| 九、应缴入库所得税额 | 43 | 8 190.00 | | |
| 加：期初未缴所得税额 | 44 | 0.00 | | |
| 减：实际已缴所得税额 | 45 | 8 000.00 | | |
| 十、期末应补（退）所得税额 | 46 | 190.00 | | |

## 《个人独资企业和合伙企业投资者个人所得税申报表》填写说明

1. 适用范围

(1) 本表适用于个人独资企业和合伙企业投资者年度申报纳税及月、季度申报纳税。本着求实、简便的原则，在月、季度申报纳税时，可对本表有关项目进行精简，具体由各地税务机关根据实际情况确定。

(2) 对从事一些特殊行业的投资者，根据这些特殊行业的要求，需要增减、调整本表有关项目的，可由省级地方税务局在本表基础上自行修改。

2. 主要项目填报说明

(1) 表头项目

① 纳税人编码：按税务机关编排的代码填写。

② 申报期：填写申报纳税所属时期的起止日期。

③ 金额单位：以人民币元为单位。

④ 行业类别：按纳税人主营项目确定。一般按工业、商品流通业、运输业、施工房地产开发业、旅游饮食服务业、邮电通信业、电影新闻出版业、农业、其他行业填列。

⑤ 企业地址：填写企业经营管理机构所在地。

(2) 表中项目

① 表中第7栏“超过规定标准扣除的项目”，是指企业超过《个人独资企业和合伙企业投资者征收个人所得税的规定》和其他有关税收规定（以下简称规定）的扣除标准，扣除的各种成本、费用和损失，应予调增应纳税所得额的部分。上述扣除标准，包括规定中列明的扣除标准，以及规定中虽未列明，但与国家统一财务会计制度规定标准兼容的部分。

② 表中第19栏“不允许扣除的项目”，是指规定不允许扣除，但企业已将其扣除的各项成本、费用和损失，应予调增应纳税所得额的部分。

③ 表中第30栏“应税收益项目”，是指企业未计入应纳税所得额而应补报的收益。对属于计算上的差错或其他特殊原因而多报收益，可以用负号表示。

④ 表中第34栏“弥补亏损”，是指企业根据规定，以前年度亏损允许在税前弥补而相应调减的应纳税所得额。

⑤ 表中第35栏“国库券利息收入”，是指企业将免于纳税但已计入

收入的因购买国库券而取得的利息。

⑥ 表中第36栏“投资者标准费用扣除额”，是指省、自治区、直辖市地方税务局规定允许扣除的投资者个人的费用扣除数额。

⑦ 表中第39栏“应纳税所得额”，就个人独资企业的投资者而言，等于表中第38栏“经纳税调整后的生产经营所得”；就合伙企业的投资者而言，等于表中第38栏“经纳税调整后的生产经营所得”乘以依照规定的分配比例计算的应纳税所得额；投资者兴办两个或两个以上个人独资企业的，年终申报时，该栏应等于第38栏“经纳税调整后的生产经营所得”和“补充资料”中“3. 从其他企业取得的生产经营所得”的合计数。

⑧ 表中主要栏次的逻辑关系：

第5栏＝第1栏－第2栏－第3栏－第4栏

第6栏＝第7栏＋第19栏＋第30栏

第33栏＝第34栏＋第35栏＋第36栏＋第37栏

第38栏＝第5栏＋第6栏－第33栏

第41栏＝第39栏×第40栏－速算扣除数

第43栏＝第41栏－第42栏

第46栏＝第43栏＋第44栏－第45栏

3. 实行核定征收方式的，只按照规定填写第1栏、第2栏、第38栏、第39栏、第40栏、第41栏以及其他相关栏次，其中第2栏填写“成本费用支出额”，第38栏填写“核定的总的应纳税所得额”。

**【对导入案例4-2的分析】** 个人独资企业投资者杨宗应正确计算投资乐哈哈食品加工厂应缴纳的个人所得税，并在规定时间内填写申报表进行纳税申报。填写说明如下：

1. 第1栏“收入总额”，填写900 000元；

2. 第2栏“成本”，填写600 000元；

3. 第3栏“费用、税金”填写280 000元；

4. 第4栏“营业外支出”，填写25 800元；

5. 第5栏“企业利润总额”＝第1栏－第2栏－第3栏－第4栏＝900 000－600 000－280 000－25 800＝－5 800（元），所以应填写－5 800元；

6. 第7栏“超过规定标准扣除的项目”，填写5 500元；

7. 第8栏至第18栏中除第14栏“业务招待费”填写5 500元外，其余各栏均为0；

8. 第20栏至第27栏均为0元；

9. 第28栏“投资者的工资”应填写投资者杨宗的工资每月8 000元，全年96 000元，所以此栏填写96 000元；

10. 第29栏“与收入无关的支出”填写支付健身卡6 000元，属于消费性支出，所以此栏应填写6 000元；

11. 第19栏“不允许扣除的项目”等于第20栏至第29栏的合计数，即为96 000 + 6 000 = 102 000元，故此栏应填写102 000元；

12. 第30栏至第32栏均为0元；

13. 第6栏“纳税调整增加额” = 第7栏 + 第19栏 + 第30栏 = 5 500 + 102 000 = 107 500元，故此栏应填写107 500元；

14. 第34栏至第37栏中，第36栏“投资者标准费用扣除额”填写42 000元，其余栏均为0元；

15. 第33栏“纳税调整减少额” = 第34栏 + 第35栏 + 第36栏 + 第37栏 = 42 000元，故此栏应填写42 000元；

16. 第38栏“经纳税调整后的生产经营所得” = 第5栏 + 第6栏 − 第33栏 = −5 800元 + 107 500元 − 42 000元 = 59 700元，故此栏应填写59 700元；

17. 第39栏“应纳税所得额”，因为乐哈哈食品加工厂为个人独资企业，故此栏应填写59 700元；

18. 第40栏“适用税率”，是指根据应纳税所得额查表确定的税率，此栏应填写20%；

19. 第41栏“应纳所得税额” = 应纳税所得额 × 税率 − 速算扣除数 = 59 700 × 20% − 3 750 = 8 190元，故此栏应填写8 190元；

20. 第42栏“减免所得税额”为0元；

21. 第43栏“应缴入库所得税额” = 第41栏 − 第42栏，故此栏应填写8 190元；

22. 第44栏“期初未缴所得税”为0元；

23. 第45栏“实际已缴所得税额”填写8 000元；

24. 第46栏“期末应补（退）所得税额” = 第43栏 + 第44栏 − 第45栏，故此栏应填190元。

### （二）核定征收方式纳税申报表的填写

实行核定征收方式征收个人所得税的投资者，按年计算，分月或分季预缴个人所得税，由投资者在每月或每季度终了后15日内预缴，并向主管税务机关报送《个人独资企业和合伙企业投资者核定征收个人所得税年度（季度）申报表》①（见表4-6）。年度终了后3个月内汇算清缴，多退少补，同时向主管税务机关报送《个人独资企业和合伙企业投资者核定征收个人所得税年度（季度）申报表》，并附送年度会计决算报表和预缴个人所得税纳税凭证。

**表4-6　个人独资企业和合伙企业投资者核定征收个人所得税年度（季度）申报表**

申报期：2012年1月1日至2012年12月31日　　　　金额单位：元

<table>
<tr><td>投资者姓名</td><td>杨宗</td><td>身份证件类型</td><td colspan="2"></td><td colspan="2">身份证件号码</td><td colspan="2"></td></tr>
<tr><td>企业名称</td><td colspan="5">宇鹏餐厅</td><td colspan="2">计算机代码</td><td></td></tr>
<tr><td>企业经济类型</td><td colspan="2">个人独资（）个人合伙（√）<br>私营独资（）私营合伙（）</td><td></td><td colspan="2">行业</td><td>饮食服务业</td><td>电话</td><td></td></tr>
<tr><td>企业地址</td><td colspan="8"></td></tr>
<tr><td colspan="3">项目</td><td>行次</td><td colspan="3">本期数</td><td colspan="2">累计数</td></tr>
<tr><td colspan="3">收入总额</td><td>1</td><td colspan="3"></td><td colspan="2">225 000.00</td></tr>
<tr><td colspan="3">成本费用支出总额</td><td>2</td><td colspan="3"></td><td colspan="2">—</td></tr>
<tr><td colspan="3">应税所得率</td><td>3</td><td colspan="3"></td><td colspan="2">20%</td></tr>
<tr><td colspan="3">生产经营所得</td><td>4</td><td colspan="3"></td><td colspan="2">45 000.00</td></tr>
<tr><td colspan="3">分配比例</td><td>5</td><td colspan="3"></td><td colspan="2">30%</td></tr>
<tr><td colspan="3">应纳税所得额</td><td>6</td><td colspan="3"></td><td colspan="2">13 500.00</td></tr>
<tr><td colspan="3">适用税率</td><td>7</td><td colspan="3">—</td><td colspan="2">5%</td></tr>
<tr><td colspan="3">应纳所得税额</td><td>8</td><td colspan="3">—</td><td colspan="2">675.00</td></tr>
<tr><td colspan="3">减：实际已缴纳所得税额</td><td>9</td><td colspan="3">—</td><td colspan="2">300.00</td></tr>
<tr><td colspan="3">期末应补（退）所得税额</td><td>10</td><td colspan="3">—</td><td colspan="2">375.00</td></tr>
<tr><td colspan="4">从其他企业取得的生产经营所得<br>(1)（分配比例　%）<br>(2)（分配比例　%）<br>(3)（分配比例　%）<br>(4)（分配比例　%）<br>填表人签字：________<br>纳税人签字：________</td><td colspan="5">（本栏目由税务机关填写）<br>收到日期：<br>接受人：<br>审核日期：<br>审核记录：<br>主管税务机关盖章<br>年　月　日<br>主管税务官员签字：</td></tr>
</table>

① 此表各地有所不同，这里以北京市地方税务局公布的表格为例加以说明。

## 《个人独资企业和合伙企业投资者核定征收个人所得税年度（季度）申报表》填表说明

一、适用范围

本表适用于个人独资企业和合伙企业投资者核定征收季度申报纳税及年度申报纳税。

二、表中项目填报说明

（一）表头项目

1. 申报期：填写申报纳税所属时期的起止日期。

2. 金额单位：以人民币元为单位。

3. 身份证件类型：填写纳税人的有效身份证照（居民身份证、军官证、士兵证、港澳居民来往内地通行证、台湾居民来往大陆通行证、护照等）名称。

4. 企业经济类型：按照工商登记及税务登记中确定的企业经济类型选择填写。

5. 行业：按照应税所得率表中列示的行业填写。

6. 企业地址：填写企业经营管理机构的所在地。

（二）表中项目

1. 应税所得率：按纳税人主管项目及应税所得率表，确定纳税人应税所得率。

2. 生产经营所得：等于收入总额×应税所得率。

3. 分配比例：投资者分配获得企业生产经营所得的比例。

4. 应纳税所得额：等于生产经营所得×分配比例。

5. 适用税率：比照《个人所得税法》的“个体工商户的生产、经营所得”应税项目，根据应纳税所得额，确定5%至35%的五级超额累进税率。

6. 应纳所得税额：等于应纳税所得额×适用税率－速算扣除数。

7. 实际已缴纳所得税额：纳税人前期预缴税额。

8. 期末应补（退）所得税额：本期实际应缴纳所得税额，等于应纳所得税额－实际已缴纳所得税额。

**【对导入案例4-3的分析】**　我们以杨宗纳税申报表的填写为例加以

说明。

1. 第1栏“收入总额”，填写225 000元；

2. 第3栏“应税所得率”，填写20%；

3. 第4栏“生产经营所得”填写45 000元（即225 000×20%）；

4. 第5栏“分配比例”填写杨宗的分配比例30%；

5. 第6栏“应纳税所得额”，填写13 500元（即45 000×30%）；

6. 第7栏“适用税率”，填写5%；

7. 第8栏“应纳所得税额”，填写675元（即13 500×5%）；

8. 第9栏“实际已缴纳所得税额”，填写300元；

9. 第10栏“期末应补（退）所得税额”，填写375元。

（三）投资者个人所得税汇总申报

投资兴办两个或两个以上企业，并且其中含有合伙企业的投资者在年度汇总申报缴纳个人所得税时，应填写《合伙企业投资者个人所得税汇总申报表》（见表4-7）。

### 《合伙企业投资者个人所得税汇总申报表》填写说明

1. 适用范围

本表只适用于投资兴办两个或两个以上企业，并且其中含有合伙企业的投资者的年度汇总申报纳税。

2. 主要项目填报说明

（1）第2—7栏分别填写纳税人从各个合伙企业或个人独资企业取得的应纳税所得额，“项目”栏填写企业名称。

（2）表中主要栏次的逻辑关系：1 = 2 + 3 + 4 + 5 + 6 + 7；9 = 1 × 8 - 速算扣除数；11 = 9 - 10；14 = 11 + 12 - 13。

表 4-7　合伙企业投资者个人所得税汇总申报表

纳税人识别号：□□□□□□□□□□□□□□□□□□□□
纳税人名称：（公章）
税款所属期限：自 2012 年 1 月 1 日至 2012 年 12 月 31 日
填表日期：2013 年 2 月 1 日　　　　　　　　　　　　　金额单位：元（列至角分）

| 投资者姓名 | 杨宗 | 投资者身份证号码 | |
|---|---|---|---|
| 投资者经常居住地址 | | 投资者电话 | |

| 项　目 | 行次 | 数　额 | 补充资料 | |
|---|---|---|---|---|
| 一、应汇总申报的应纳税所得额 | 1 | 73 200.00 | 纳税人或代理人声明：此纳税申报表是根据国家税收法律的规定填报的，我确信它是真实的、可靠的、完整的。 | |
| 1. 来源于乐哈哈食品加工厂的应纳税所得额 | 2 | 59 700.00 | | |
| 2. 来源于乙企业的应纳税所得额 | 3 | 13 500.00 | | |
| 3. | 4 | | 如纳税人填报，由纳税人填写以下各栏 | |
| 4. | 5 | | | |
| 5. | 6 | | 经办人（签章） | |
| 6. | 7 | | 会计主管（签章） | |
| 二、适用税率 | 8 | 30% | 法定代表人（签章） | |
| 三、应纳所得税额 | 9 | 12 210.00 | 如委托代理人填报，由代理人填写以下各栏 | |
| 减：减、免所得税额 | 10 | 0.00 | | |
| 四、应缴入库所得税额 | 11 | 12 210.00 | 代理人名称 | |
| 加：期初未缴所得税额 | 12 | 0.00 | 经办人（签章） | |
| 减：实际已缴纳所得税额 | 13 | 8 865.00 | 联系电话 | |
| 五、期末应补（退）所得税额 | 14 | 3 345.00 | 代理人（公章） | |

以下由税务机关填写

| 接收人 | | 收到日期 | | 审核日期 | | 审核记录 | |
|---|---|---|---|---|---|---|---|
| 主管税务机关（签章） | | | 盖章日期 | | 主管税务官员签字 | | |

**【对导入案例 4-2 和 4-3 的分析】**

投资者杨宗投资于乐哈哈食品加工厂、宇鹏餐厅两个企业，其中宇鹏餐厅为合伙企业，所以杨宗应填写合伙企业投资者个人所得税汇总申报表（见表 4-7）。填写说明如下：

1. 第 2 栏填写来源于乐哈哈食品加工厂的应纳税所得额 59 700 元；

2. 第 3 栏填写来源于宇鹏餐厅的应纳税所得额 13 500 元；

3. 第 1 栏“应汇总申报的应纳税所得额”＝第 2 栏＋第 3 栏……＋第 6 栏＝59 700＋13 500＝73 200 元；

4. 第 8 栏填写适用税率 30%；

5. 第 9 栏“应纳所得税额”＝第 1 栏×第 8 栏－速算扣除数＝73 200×30%－9 750＝12 210 元；

6. 第 10 栏“减、免所得税额”为 0 元；

7. 第 11 栏“应缴入库所得税额”＝第 9 栏－第 10 栏＝12 210－0＝12 210 元；

8. 第 12 栏“期初未缴所得税额”为 0 元；

9. 第 13 栏“实际已缴纳所得税额”为 8 865 元（即 8 190＋675）；

10. 第 14 栏“期末应补（退）所得税额”＝第 11 栏＋第 12 栏－第 13 栏＝12 210－8 865＝3 345 元。

## 五、个人独资企业和合伙企业的纳税筹划

个人独资企业和合伙企业可采用与个体工商户相同的纳税筹划方法，除此之外，还可采用其他方法筹划。税法中规定，个人所得税有查账征收和核定征收两种方法。由此可以得出如下筹划思路：第一，因其适用超额累进税率，所以可以采用分拆法，化小应纳税所得额，从而使用低税率而减税；第二，针对以上两种征收方法，纳税人可以在测算的基础上，选择税负轻的方法。具体的筹划方法包括：

### （一）个人独资企业分立筹划法

**【例 4-1】** 刘德培创办了一家个人独资企业，该个人独资企业的经营范围主要包括商品销售和加工、修理业务，刘德培负责商品销售业务，刘德培的妻子王丽负责加工、修理业务。2012 年度该个人独资企业取得扣除成本、费用的销售净收入 4 万元和加工、修理净收入 3 万元。假设业

主从该个人独资企业获得的工资与其费用扣除标准相同。请计算该个人独资企业2012年度应纳所得税额。

**解析：**

该个人独资企业2012年度应纳所得税额 $=70\,000\times30\%-9\,750=11\,250$（元）

如果分别以刘德培及其妻子王丽的名义设立两个个人独资企业，一个专营商品销售业务，由刘德培负责管理；一个专营加工、修理业务，由其妻子王丽负责管理，则两个独资企业的本年度应纳所得税额的计算如下：

应纳税额 $=40\,000\times20\%-3\,750+30\,000\times10\%-750=6\,500$（元）

经过筹划，该家庭创办的企业2012年度少纳个人所得税4 750元（11 250－6 500）。

在一个独资企业具有多项相对独立的经营业务时，可以采用分立独资企业的方式创办多个独资企业，这样就可以降低每个企业的应纳税所得额，从而降低所适用的税率，并降低整体的税收负担。但在创办的过程中需要注意，需要以不同人员的名义创办个人独资企业，因为如果以一个人的名义创办多个独资企业的话，其各个企业的所得要加计在一起缴纳个人所得税，无法达到降低税负的目的。

（二）查账征收和核定征收转化筹划法

对个人独资企业和合伙企业的经营所得，其个人所得税应纳税额可以采取查账征收和核定征收两种方式。在这两种不同的征收方式下，纳税人的税收负担是不一样的。

**【例4-2】** 某个人独资企业2012年度取得销售收入20万元，其应纳税所得额为6万元。假设采用核定征收方式，税务机关核定的该企业的应税所得率为10%。试分析查账征收与核定征收两种情况下该个人独资企业的应纳税额。

**解析：**

方案一：查账征收时应纳所得税额 $=60\,000\times20\%-3\,750=8\,250$（元）

方案二：核定征收时应纳税所得额 = 收入总额 × 应税所得率 $=200\,000\times10\%=20\,000$（元）

应纳所得税额 $=20\,000\times10\%-750=1\,250$（元）

从上述两个方案我们可以看到，方案二比方案一少纳税7 000元

（8 250 - 1 250）。

但是，如果当年亏损或者其实际利润率小于税务机关核定的利润率时，情况又将相反。

（三）增加合伙企业的合伙人筹划法

通过增加合伙企业的合伙人，就可以分散合伙企业每个投资者的所得，从而适用较低的税率，减轻投资者的税收负担。需要强调的是，合伙人必须是真正的合伙人，必须真正出资，而不是虚假的合伙人。

**【例 4-3】** 某合伙企业的投资者人数为 2 人，分别为甲和乙，其中甲出资 47.5 万元，乙出资 2.5 万元。根据合伙协议，甲、乙的分配比例分别为 95% 和 5%。甲、乙的月工资分别为 3 000 元和 2 000 元，企业的税前会计利润为 120 000 元。不考虑其他调增调减项目，计算两个合伙人应纳的所得税并进行纳税筹划。

**解析：**

该企业当年生产、经营所得应纳税所得额 = 120 000 + （2 000 + 3 000 - 3 500 × 2）× 12 = 96 000（元）

甲分配的生产、经营所得应纳税所得额 = 96 000 × 95% = 91 200（元）

甲应纳个人所得税 = 91 200 × 30% - 9 750 = 17 610（元）

乙分配的生产、经营所得应纳税所得额 = 96 000 × 5% = 4 800（元）

乙应纳个人所得税 = 4 800 × 5% = 240（元）

甲、乙两个合伙人合计应纳个人所得税 = 17 610 + 240 = 17 850（元）

如果投资者甲在与乙合伙的过程中，将其妻子加入合伙人之中，甲分配 50% 的份额，其妻子分配 45% 的份额，甲和其妻子每月一共获得 3 000 元的工资，乙的分配份额不变，企业的税前会计利润仍为 120 000 元，其他条件不变，则此时应纳税额的计算如下：

该企业当年生产、经营所得应纳税所得额 = 120 000 + （3 000 + 2 000 - 3 500 × 3）× 12 = 54 000（元）

甲分配的生产、经营所得应纳税所得额 = 54 000 × 50% = 27 000（元）

甲应纳个人所得税 = 27 000 × 10% - 750 = 1 950（元）

甲妻子分配的生产、经营所得应纳税所得额 = 54 000 × 45% = 24 300（元）

甲妻子应纳个人所得税 = 24 300 × 10% - 750 = 1 680（元）

乙分配的生产、经营所得应纳税所得额 = 54 000 × 5% = 2 700（元）

乙应纳个人所得税 = 2 700 × 5% = 135（元）

在企业生产、经营利润不变的情况下，3 个合伙人合计应纳个人所得税 = 1 950 + 1 680 + 135 = 3 765（元）

通过筹划，该方案比筹划前少纳个人所得税 14 085 元（17 850 − 3 765）。

## 第三节　对企事业单位承包经营、承租经营所得的纳税申报与纳税筹划

**【导入案例 4-4】**　王峰承包了风华科技公司，按照承包合同规定，承包日期从 2012 年 1 月 1 日至 2015 年 12 月 31 日，王峰每月从风华科技公司取得工资 2 500 元。企业的盈利在缴纳企业所得税后，由王峰按照税后利润 30% 的比例向发包方支付承包费，剩余部分归承包人所有。王峰在 2012 年度承包期内按合同规定支付承包费后，取得全年承包所得 78 000 元。2012 年王峰已经预缴了 10 000 元的个人所得税。

**问题：**

1. 王峰应就承包所得缴纳多少个人所得税？
2. 王峰应该怎样填写《个人承包承租经营所得税年度申报表》？

### 一、对企事业单位承包经营、承租经营所得的适用范围

对企事业单位的承包经营、承租经营所得，是指个人承包经营或承租经营以及转包、转租取得的所得。由于目前实行承包、承租经营的形式较多，分配方式也不相同，因此，承包、承租人按照承包、承租经营合同（协议）规定取得所得的适用税目和适用税率也不尽相同。

如果承包、承租人对企业经营成果不拥有所有权，仅是按合同（协议）规定取得一定所得的，其所得按“工资、薪金所得”项目适用 3% ~ 45% 的七级超额累进税率纳税。

如果承包、承租人按合同（协议）的规定只向发包、出租方缴纳一定费用后，企业经营成果归其所有的，其所得按“对企事业单位的承包经营、承租经营所得”项目适用 5% ~ 35% 的五级超额累进税率纳税。

**【对导入案例 4-4 的分析】** 由于王峰按照税后利润 30% 的比例向发包方支付承包费，剩余部分归王峰所有，因此王峰承包风华科技公司获得的所得应该按照“对企事业单位的承租经营、承包经营所得”缴纳个人所得税。

## 二、对企事业单位承包经营、承租经营所得的应纳税所得额

对企事业单位的承包经营、承租经营所得按年计算纳税。以每一纳税年度的收入总额，减除必要费用后的余额，为应纳税所得额。

每一纳税年度的收入总额，是指纳税人按照承包经营、承租经营合同规定分得的经营利润和工资、薪金性质的所得之和。必要费用是指按月减除 3 500 元，即一年可以减除 42 000 元。其应纳税所得额的计算公式为：

应纳税所得额 = 按照承包经营、承租经营合同规定分得的经营利润 + 工资、薪金性质的所得 − 42 000 元/年（或每月 3 500 元）

**【对导入案例 4-4 的分析】** 2012 年王峰承包风华科技公司的收入总额由两部分构成：每月工资 2 500 元和分得的 78 000 元经营利润。即：

王峰 2012 年纳税年度的收入总额 = 2 500 × 12 + 78 000 = 108 000（元）

可以减除的必要费用是 42 000 元/年。因此，王峰的应纳税所得额计算如下：

王峰 2012 年应纳税所得额 = 108 000 − 42 000 = 66 000（元）

## 三、对企事业单位承包经营、承租经营所得的适用税率

对企事业单位承包经营、承租经营所得个人所得税税率表同个体工商户生产、经营所得税税率表完全相同，也是适用 5% ~ 35% 的五级超额累进税率（见表 4-8）。

**表 4-8 对企事业单位承包经营、承租经营所得个人所得税税率表**

| 级数 | 全年应纳税所得额 | 税率（%） | 速算扣除数（元） |
| --- | --- | --- | --- |
| 1 | 不超过 15 000 元的部分 | 5 | 0 |
| 2 | 超过 15 000 元至 30 000 元的部分 | 10 | 750 |
| 3 | 超过 30 000 元至 60 000 元的部分 | 20 | 3 750 |
| 4 | 超过 60 000 元至 100 000 元的部分 | 30 | 9 750 |
| 5 | 超过 100 000 元的部分 | 35 | 14 750 |

**【对导入案例4-4的分析】**　王峰承包经营所得的应纳税所得额为66 000元，按照税率表，确定其适用税率为30%，速算扣除数为9 750元。

## 四、对企事业单位承包经营、承租经营所得应纳税额的计算

对企事业单位承包经营、承租经营所得个人所得税应纳税额的计算公式同个体工商户生产、经营所得应纳税额的计算公式完全相同。

应纳税额 = 应纳税所得额 × 适用税率 − 速算扣除数

**【对导入案例4-4的分析】**　王峰的应纳税所得额为66 000元，适用税率为30%，速算扣除数为9 750元。因此其应纳税额的计算如下：

应纳税额 = 全年应纳税所得额 × 适用税率 − 速算扣除数
= 66 000 × 30% − 9 750
= 10 050（元）

**【例4-4】**　林颖自2012年1月1日起承包一家位于市内的老国有招待所（企业所得税税率为25%），根据承包合同规定，承包后的招待所经济性质不变，承包期3年，每年上交承包费50 000元，经营成果归林颖所有，承包期内应缴纳的各项税款（包括教育费附加）均由林颖负责。2012年该企业的经营数据如下：招待所营业收入2 100 000元，营业成本1 200 000元，营业税、城建税及教育费附加115 500元，期间费用600 000元，其中包括15名员工的工资190 000元以及林颖的工资20 000元，广告费支出350 000元，业务招待费40 000元。根据以上信息回答下列问题：

1. 计算广告费应调整的应纳税所得额；
2. 计算业务招待费应调整的应纳税所得额；
3. 计算招待所的应纳税所得额及应纳企业所得税额；
4. 计算林颖个人应纳税所得额及应纳税额。

**解析：**

1. 广告费的纳税调整

广告费应调增的应纳税所得额 = 350 000 − 2 100 000 × 15% = 35 000（元）

2. 业务招待费的纳税调整

实际发生额40 000元的60% = 40 000 × 60% = 24 000（元），销售（营业）收入2 100 000元的5‰ = 2 100 000 × 5‰ = 10 500（元），由于实

际发生额的60%小于销售（营业）收入的5‰，因此按照较小的一方即10 500元扣除。

业务招待费应调增的应纳税所得额 = 40 000 - 10 500 = 29 500（元）

3．招待所的应纳税所得额及应纳企业所得税额

应纳税所得额 = 2 100 000 - 1 200 000 - 115 500 - 600 000 + 35 000 + 29 500 = 249 000（元）

应纳企业所得税额 = 249 000 × 25% = 62 250（元）

4．林颖个人应纳税所得额及应纳税额

招待所的利润 = 2 100 000 - 1 200 000 - 115 500 - 600 000 = 184 500（元）

招待所的税后利润 = 184 500 - 62 250 = 122 250（元）

林颖分得的经营利润 = 122 250 - 50 000 = 72 250（元）

林颖获得的工资、薪金性质的所得为20 000元。

林颖的应纳税所得额 = 72 250 + 20 000 - 42 000 = 50 250（元）

按照50 250元的应纳税所得额确定的适用税率为20%，速算扣除数为3,750元，因此林颖的应纳税额计算如下：

应纳税额 = 50 250 × 20% - 3 750 = 6 300（元）

## 五、对企事业单位承包经营、承租经营所得个人所得税的纳税申报

对企事业单位承包经营、承租经营所得应纳的个人所得税按年计算，分次缴纳。一年内分次获得的承包、承租收入要预缴个人所得税，年度终了后3个月内汇算清缴，多退少补。

在一个纳税年度中，承包经营、承租经营的经营期不足1年的，以其实际经营期为纳税年度。

对企事业单位承包经营、承租经营所得纳税人在进行年度申报时应填写《个人承包承租经营所得税年度申报表》（见表4-9）。

**表4-9 个人承包承租经营所得税年度申报表**

根据《中华人民共和国个人所得税法》第九条规定制定本表。承包承租者应在年度终了后三十日内将税款缴入国库，并向税务机关报送此表，如果分月或分次取得所得的，应在每月或每次取得所得后七日内预缴税款并报送本表。年度终了三个月内汇算清缴，多退少补。

纳税年度：自2012年1月1日至2012年12月31日　填表日期：2013年2月1日

纳税人编码：

金额单位：人民币元

<table>
<tr><td>承包承租人姓名</td><td>王峰</td><td colspan="2">被承包承租经营企事业单位名称</td><td colspan="2">风华科技公司</td><td>企事业单位地址</td><td></td></tr>
<tr><td>业别</td><td>养殖业</td><td>承包承租日期</td><td colspan="2">2012年1月1日至2015年12月31日</td><td>银行账号</td><td>邮政编码</td><td>电话号码</td></tr>
<tr><td colspan="6">项 目</td><td colspan="2">金额</td></tr>
<tr><td rowspan="3">应纳税所得额的计算</td><td colspan="5">1. 全年收入额</td><td colspan="2">108 000.00</td></tr>
<tr><td colspan="5">2. 费用</td><td colspan="2">42 000.00</td></tr>
<tr><td colspan="5">3. 应纳税所得额</td><td colspan="2">66 000.00</td></tr>
<tr><td rowspan="6">应纳个人所得税额计算</td><td colspan="5">4. 税率</td><td colspan="2">30%</td></tr>
<tr><td colspan="5">5. 速算扣除数</td><td colspan="2">9 750.00</td></tr>
<tr><td colspan="5">6. 应纳所得税额（3×4－5）</td><td colspan="2">10 050.00</td></tr>
<tr><td colspan="5">7. 减免税额</td><td colspan="2">0.00</td></tr>
<tr><td colspan="5">8. 全年预缴税额税</td><td colspan="2">10 000.00</td></tr>
<tr><td colspan="5">9. 应补（退）所得税额</td><td colspan="2">50.00</td></tr>
<tr><td>授权代理人</td><td colspan="4">（如果你已委托代理申报人，请填写下列资料）<br>为代理一切税务事宜，现授权＿＿＿＿<br>（地址）＿＿＿＿＿＿＿<br>为本人企业的代理申报人，任何与本申报表有关的来往文件都可寄与此人。<br>授权人签字：</td><td>声明</td><td colspan="2">我声明：此纳税申报表是根据《中华人民共和国个人所得税法》的规定填报的，我确信它是真实的、可靠的、完整的。<br>声明人签字：</td></tr>
</table>

**【导入案例 4-4 的分析】**

王峰就承包所得应纳的个人所得税填写《个人承包承租经营所得税年度申报表》。填写说明如下：

1. 第 1 栏“全年收入额”填写承包人的承包、经营所得和承包人的工资 = 78 000 + 12 × 2 500 = 108 000（元），因此应该填写 108 000 元；

2. 第 2 栏“费用”填写允许扣除的标准扣除额，即全年的业主费用，因此应该填写 42 000 元；

3. 第 3 栏“应纳税所得额” = 第 1 栏 − 第 2 栏 = 108 000 − 42 000 = 66 000（元）；

4. 第 4 栏“税率”为 30%；

5. 第 5 栏“速算扣除数”为 9 750 元；

6. 第 6 栏“应纳所得额” = 第 3 栏 × 第 4 栏 − 第 5 栏 = 66 000 × 3 090 − 9 750 = 10 050 元；

7. 第 7 栏“减免税额”为 0 元；

8. 第 8 栏“全年预缴税额税”为 10 000 元；

9. 第 9 栏“应补（退）所得税额” = 第 6 栏 − 第 7 栏 − 第 8 栏 = 10 050 − 0 − 10 000 = 50（元）。

## 六、承包经营、承租经营的纳税筹划

税法规定，个人对企事业单位承包经营、承租经营后，工商登记改变为个体工商户的，应依照“个体工商户的生产、经营所得”项目计征个人所得税，不再征收企业所得税。个人对企事业单位承包经营、承租经营后，工商登记仍为企业的，不管其分配方式如何，均应按企业所得税的有关规定缴纳企业所得税，缴纳企业所得税之后再根据承包、承租经营者按合同（协议）规定取得的所得，依照个人所得税法的有关规定缴纳个人所得税。

纳税人对企事业单位的承包经营、承租经营方式是否变更营业执照将直接决定纳税人税负的轻重，若使用原企业营业执照，则多征一道企业所得税，如果变更为个体营业执照，则只征一道个人所得税。

**【例 4-5】** 李明承包一家集体企业（工商登记仍为企业），每月取得工资收入 3 000 元，每年除上交企业 10 万元的承包费外，其余所有的经营成果归其所有。假设2012年该企业取得经营利润25万元，不考虑纳税调整项目，试问李明应如何缴纳所得税？

**解析：**

应纳企业所得税 = 250 000 × 25% = 62 500（元）

缴纳企业所得税税后利润 = 250 000 − 62 500 = 187 500（元）

缴纳企业所得税和上交承包费后，李明的收入 = 187 500 + 3 000 × 12 − 100 000 = 123 500（元）

李明获得的123 500元收入还应按“对企事业单位承包经营、承租经营所得”项目的计税规定，计算缴纳个人所得税。

应纳税所得额 = 纳税年度收入总额 − 必要费用 = 123 500 − 12 × 3 500 = 81 500（元）

应纳个人所得税 = 应纳税所得额 × 适用税率 − 速算扣除数 = 81 500 × 30% − 9 750 = 14 700（元）

承包经营取得的税后净收益 = 123 500 − 14 700 = 108 800（元）

如果李明2012年通过一定途径将其工商登记改变为个体工商户，同样每年上交10万元的承包费，李明2012年取得的经营利润，应按“个体工商户的生产、经营所得”项目的计税规定，计算缴纳个人所得税，则：

应纳税所得额 = 250 000 + 12 × 3 000 − 100 000 − 12 × 3 500 = 144 000（元）

应纳个人所得税 = 144 000 × 35% − 14 750 = 35 650（元）

承包经营取得的税后净收益 = 250 000 + 12 × 3 000 − 100 000 − 35 650 = 150 350（元）

从以上计算、分析，变更营业执照使李明收益增加41 550元（150 350 − 108 800）。

## 【本章小结】

1. 个人经营所得主要包括个体工商户、个人独资企业、合伙企业投资者的生产、经营所得，对企事业单位的承包经营、承租经营所得。个人独资企业、合伙企业不具有法人资格，为避免重复征税，其生产经营所得无须缴纳企业所得税，但其投资者获得的生产、经营所得需要按照“个体工商户的生产、经营所得”项目缴纳个人所得税。

2. 对于实行查账征收的个体工商户，其应纳税所得额 = 收入总额 -（成本 + 费用 + 损失）。成本、费用是指纳税义务人从事生产、经营所发生的各项直接支出和分配计入成本的间接费用以及销售费用、管理费用、财务费用；损失，是指纳税义务人在生产、经营过程中发生的各项营业外支出。

3. 个体工商户生产、经营所得的个人所得税按五级超额累进税率计算缴纳个人所得税，应纳税额 = 应纳税所得额 × 适用税率 - 速算扣除数 =（全年收入总额 - 成本、费用以及损失）× 适用税率 - 速算扣除数。

4. 个体工商户的业主应自行申报缴纳个人所得税，由纳税人自行在税法规定的纳税期限内向税务机关申报取得的应税所得项目和数额，如实填写《个体工商户所得税纳税申报表》。

5. 个体工商户纳税筹划方法包括递延收入筹划法、成本费用前推筹划法、租赁筹划法和债务融资筹划法等，这些方法能够在遵守法律法规的前提下，起到推迟纳税或者减少纳税的效果；

6. 个人独资企业和合伙企业应纳税所得额的确定有查账征税和核定征税两种方式。

7. 实行查账征税的，个人独资企业的投资者以全部生产经营所得为应纳税所得额；合伙企业的投资者按照合伙企业的全部生产经营所得和合伙协议约定的分配比例，确定应纳税所得额。

8. 实行核定应税所得率征收方式的，应纳税所得额 = 收入总额 × 应税所得率 = 成本费用支出额 ÷（1 - 应税所得率）× 应税所得率。

9. 个人独资企业、合伙企业个人所得税税率表与计算公式同个体工商户的生产、经营所得的税率表与计算公式完全相同。

10. 个人独资企业和合伙企业的纳税申报也属于自行申报。实行查账征收方式征收个人所得税的投资者，按年计算，分月或分季预缴个人所得税，由投资者在每月或每季度终了后15日内预缴，并向主管税务机关报送《个人独资企业和合伙企业投资者个人所得税年度（季度）申报表》；核定征收方式由投资者在每月或每季度终了后15日内预缴个人所得税，并向主管税务机关报送《个人独资企业和合伙企业投资者核定征收个人所得税年度（季度）申报表》。

11. 将个人独资企业分立，利用查账征收和核定征收的不同征税方法、增加合伙企业的合伙人等筹划方法可以减少独资企业、合伙企业应纳的个人所得税。

12. 对企事业单位的承包经营、承租经营所得，以每一纳税年度的收入总额，减除必要费用后的余额，为应纳税所得额。必要费用为每月3 500元。每一纳税年度的收入总额，是指纳税人按照承包经营、承租经营合同规定分得的经营利润和工资、薪金性质的所得之和。

13. 对企事业单位的承包经营、承租经营所得的税率与个体工商户的生产、经营所得的税率表完全相同。应纳税额=应纳税所得额×适用税率-速算扣除数=(全年收入总额-成本、费用以及损失)×适用税率-速算扣除数。

14. 对企事业单位承包经营、承租经营所得应纳的个人所得税按年计算，分次缴纳。对企事业单位承包经营、承租经营所得纳税人在进行年度申报时应填写《个人承包承租经营所得税年度申报表》。

15. 个人对企事业单位承包、承租经营后，能够采用合理的方法变原企业为个体工商户经营的，可避免重复征税，通过转化可增加承包、承租经营者的税后收益。

## 【操作练习】

1. 假定某个体工商户，经营一家餐馆，2012年度有关经营情况如下：

(1) 取得餐饮收入700 000元；

(2) 发生餐饮服务成本350 000元；

(3) 发生营业税等税费80 000元；

(4) 发生业务招待费用15 000元；

(5) 共有雇员3人，人均月工资1 200元；个体户老板每月领取工资3 000元。

请根据以上信息，计算个体工商户应缴纳的个人所得税并填写《个体工商户所得税年度申报表》。

2. 王强开了一家电脑维修与咨询公司，是独资企业。2012年该公司经营情况如下：营业收入180 000元；营业成本80 000元；相关税费6 700元；管理费用35 200元（其中人员工资25 200元）；业务招待费

10 000 元。当年已经预缴个人所得税 1 170 元。

请根据以上信息，计算王强应缴纳的个人所得税，填写《个人独资企业和合伙企业投资者个人所得税申报表》。

3. 刘凯 2011 年同某集体饭店（企业所得税税率 25%）签订承包合同，承包费每年 13 万元。合同规定，承包期内以该饭店的名义对外从事经营业务，饭店应缴纳的相关税、费在承包期内由刘凯负责，上缴的承包费在每年的经营成果中支付。2012 年该饭店的经营情况如下：

（1）取得餐饮收入 30 万元；

（2）取得歌厅娱乐收入 17 万元；

（3）应扣除的经营成本（不含工资和其他相关费用）16 万元；

（4）年均雇用职工 10 人，支付年工资总额 2 万元；刘凯每月领取工资 0.3 万元；

（5）发生其他与经营相关的费用 2 万元。

根据以上信息回答下列问题：

（1）计算刘凯个人所得税应纳税所得额及应纳税额。

（2）为刘凯填写《个人承包承租经营所得税年度申报表》。

（3）采用承包后将原企业进行变更登记的方法进行纳税筹划，计算刘凯税后个人收入。

4. 李先生与其妻子开了一家美容院，属于个人独资企业，开展美容业务的同时也销售美容产品。2012 年，他们的美容业务获利 2.8 万元，美容产品的销售利润为 2.5 万元，请为李先生夫妇进行纳税筹划。

# 第五章

# 利息、股息、红利所得纳税申报与纳税筹划

**【导入案例 5-1】** 鸿发公司是一家由周兴、黄华两位股东投资组建成立的有限责任公司，2012 年年初公司拟分配税后利润 50 万元，按照公司章程约定，周兴、黄华可以分别分得企业所得税后红利 30 万元和 20 万元。周兴、黄华从公司和个人需要考虑，决定将分配的红利购置小汽车用于单位和个人使用。

**问题：**

1. 计算周兴、黄华两位股东应缴纳的个人所得税；
2. 就周兴、黄华两位股东的股息、红利所得进行纳税筹划。

## 第一节 利息、股息、红利所得的纳税申报与纳税筹划

### 一、利息、股息、红利所得的适用范围

利息、股息、红利所得，是指个人拥有债权、股权而取得的利息、股息、红利所得。利息，是指个人拥有债权而取得的报酬，包括存款利息、贷款利息和各种债券的利息。股息、红利，是指个人因拥有股权取得的盈利。按照一定的比率对每股派发的息金叫股息；公司、企业应分配的利

润，按股份分配的叫红利。股息、红利所得，除另有规定外，都应当缴纳个人所得税。

在实际工作中，确定一项所得是否按照“利息、股息、红利所得”缴纳个人所得税时，需要注意以下问题：

1. 除个人独资企业、合伙企业以外的其他企业，即公司制企业的个人投资者，以企业资金为投资者本人、家庭成员及其相关人员支付与企业生产、经营无关的消费性支出及购买汽车、住房等财产性支出，视为企业对个人投资者的红利分配，依照“利息、股息、红利所得”项目计征个人所得税。企业的上述支出不允许在所得税前扣除。

2. 纳税年度内个人投资者从其投资企业（个人独资企业、合伙企业除外）借款，在该纳税年度终了后既不归还又未用于企业生产、经营的，其未归还的借款可视为企业对个人投资者的红利分配，依照“利息、股息、红利所得”项目计征个人所得税。

3. 个人在个人银行结算账户的存款自 2003 年 9 月 1 日起孳生的利息，应按“利息、股息、红利所得”项目计征个人所得税，税款由办理个人银行结算账户业务的储蓄机构在结付利息时代扣代缴。自 2008 年 10 月 9 日起暂免征收储蓄存款利息的个人所得税。

**【资料链接 5-1】**

**国税总局：红利税国际流行①**

国家税务总局在正式回答网友提问时表示，今后是否对股息红利征收个人所得税政策进行调整，将根据国内宏观经济形势和个人所得税税制改革进程等情况，认真研究、通盘考虑，并按照法定程序进行。

国税总局此次在回应网友时表示，当前对个人取得股息、红利征收个人所得税有五大原因。一是个人与企业取得股息、红利，应分别适用不同税种，二者不具有可比性；二是现行税收政策格局，缓解了居民企业层次的重复征税，有利于平衡税负，使个人直接投资和多层次间接投资方式均承担相近的税负，有利于资源配置和企业重组；三是保留对个

① 资料来源：《信息时报》，转载自 http：//finance. qq. com/a/20120906/001376. htm，访问时间 2012 年 9 月 8 日。

人股票派息分红征税政策，符合《个人所得税法》精神，有利于平衡各项所得的税负，否则将产生新的税负不公；四是个人所得税具有筹集财政收入和调节社会成员收入分配的职能，取得股息、红利的个人，不乏一些高收入者，不宜对其制定免税政策；五是对股息、红利征收个人所得税符合世界各国通行做法。

中国《个人所得税法》历经六次修订，未涉及股息、红利所得征收方面。财税部门只能提出应纳税额暂减免征的政策，无法彻底取消相关条款，而立法修改需经全国人大讨论通过。

根据《个人所得税法》，对个人取得的股息、红利所得（含股票分红），应按照“利息、股息、红利所得”项目，适用20%税率缴纳个人所得税。这就是通常所说的红利税。支持取消红利税的理由如下：

1. 有重复征税之嫌

近年来，取消红利税的呼声不断。其理由主要在两方面：红利通常是上市公司缴纳了企业所得税后的净利润，如果再对净利润分红部分征收个税，存在重复征税嫌疑。此外，不同于个人投资者，机构投资者可以免缴红利税，引来不公平之疑。

根据2008年颁布的《企业所得税法》，符合条件的居民企业之间的股息、红利等权益性投资收益（含股票分红），免征企业所得税。

2. 通过减收刺激经济

今年以来，中国股市不断振荡下行，取消红利税，鼓励上市公司分红，增加个人投资者的回报成为关注焦点。

2005年6月13日，财政部、国税总局曾发布通知，规定对个人投资者从上市公司取得的股息、红利所得，暂减为按50%计入个人应纳税所得额。这相当于税率由20%减为10%。这一减半征收政策的出台正值2005年熊市，大盘在6月6日跌破千点，至998点，这是自1998年以来的新低。

## 二、利息、股息、红利所得的税收优惠

下列利息、股息、红利免征个人所得税：

1. 个人取得的国债利息收入和国家发行的金融债券利息收入，免征

个人所得税。这里所说的国债利息，是指个人持有中华人民共和国财政部发行的债券而取得的利息所得；国家发行的金融债券利息，是指个人持有经国务院批准发行的金融债券而取得的利息所得。

2. 对个人取得教育储蓄存款的利息所得以及国务院财政部门确定的其他专项储蓄存款或者储蓄性专项基金存款的利息所得，免征个人所得税。

3. 自2008年10月9日起，对储蓄存款利息所得暂免征收个人所得税。

为配合国家宏观调控政策需要，经国务院批准，自2008年10月9日起，对储蓄存款利息所得暂免征收个人所得税。即储蓄存款在1999年10月31日前孳生的利息所得，不征收个人所得税；储蓄存款在1999年11月1日至2007年8月14日孳生的利息所得，按照20%的比例税率征收个人所得税；储蓄存款在2007年8月15日至2008年10月8日孳生的利息所得，按照5%的比例税率征收个人所得税；储蓄存款在2008年10月9日后（含10月9日）孳生的利息所得，暂免征收个人所得税。

4. 证券交易结算资金的利息所得暂免征收个人所得税。

自2008年10月9日起，对证券市场个人投资者取得的证券交易结算资金的利息所得，暂免征收个人所得税，即证券市场个人投资者的证券交易结算资金在2008年10月9日后（含10月9日）孳生的利息所得，暂免征收个人所得税。

5. 个人取得上市公司股息、红利可减征个人所得税。

为促进资本市场发展，经国务院批准，对个人投资者从上市公司取得的股息、红利所得，暂减按50%计入个人应纳税所得额，依照现行税法规定计征个人所得税。

为进一步规范股息、红利税收政策，加强税收征管，对证券投资基金从上市公司分配取得的股息、红利所得，按照财税［2005］102号文件规定，扣缴义务人在代扣代缴个人所得税时，减按50%计算应纳税所得额。

上市公司是指在上海证券交易所、深圳证券交易所挂牌交易的上市公司。

6. 资本公积金转增股本不征个人所得税。

股份制企业用资本公积金转增股本不属于股息、红利性质的分配，对个人取得的转增股本数额，不作为个人所得，不征收个人所得税。但股份制企业用盈余公积金派发红股属于股息、红利性质的分配，对个人取得的红股数额，应作为个人所得征税。

7. 外籍个人从外商投资企业取得的股息、红利所得目前不征收个人所得税。

### 三、利息、股息、红利所得的应纳税所得额与应纳税额的计算

利息、股息、红利所得按次纳税，以支付利息、股息、红利时取得的收入为一次，并以每次收入额为应纳税所得额，不得扣除任何费用。其应纳税额的计算公式为：

$$应纳税额 = 应纳税所得额 \times 适用税率$$
$$= 每次收入额 \times 20\%$$

对于利息、股息、红利所得，应该由支付方在支付时代扣代缴个人所得税。

---

**提问与思考**

某公司制企业账面未分配利润为1 000万元，尚未对股东进行利润分配，请问股东是否需要计算缴纳股息、红利的个人所得税？

**分析与回答**

个人股东持有公司制企业的股份，获得的股息、红利所得应该在企业进行利润分配时缴纳个人所得税。对于尚未分配的股息、红利，无须缴纳个人所得税。

---

**【例5-1】**　李铠为宏远公司的个人股东，占有该公司40%的股份。2012年8月该公司向股东分派股息、红利。李铠应获得20 000元股息、红利。宏远公司应扣缴李铠多少个人所得税？

**解析：**

据题意可知李铠的应纳税所得额为20 000元，因此：

应纳税额 = 20 000 × 20% = 4 000（元）

**【例5-2】**　王艳芳持有某上市公司的股票10 000股，该上市公司

2011年度的利润分配方案为每10股送3股，并于2012年6月份实施，该股票的面值为每股1元。上市公司应扣缴王艳芳多少个人所得税？

**解析：**

送红股相当于该上市公司向股东分配股息、红利，之后股东再以该股息、红利对企业进行投资。因此王艳芳获得的红股属于股息、红利所得，应该按面值确定其所得额。

王艳芳股息、红利所得 $=10\ 000\div10\times3\times1=3\ 000$（元）

对个人投资者从上市公司取得的股息、红利所得，暂减按50%计算个人应纳税所得额。因此应纳税额的计算如下：

应纳税额 $=3\ 000\times50\%\times20\%=300$（元）

---

**提问与思考**

如果年底既有双薪又有分红，且在同一月份发放，比如12月发放了红利，又发放了双薪，具体应该如何纳税？

**分析与回答**

分红是按“利息、股息、红利所得”项目单独按次计税的，不与当月工资、薪金合并计算；根据《国家税务总局关于明确个人所得税若干政策执行问题的通知》（国税发［2009］121号）规定，已取消年底双薪的单独计税办法，个人取得年底双薪，如果其单位没有发放全年一次性奖金，应按照全年一次性奖金计税办法计税。如果其单位既有年底双薪，又有全年一次性奖金，并且二者在一个月内发放，可以将年底双薪与全年一次性奖金合并，统一按全年一次性奖金计税办法计税，如果二者不在同一个月份内发放，应将年底双薪并入当月工资薪金，统一计算个人所得税。

---

**【对导入案例5-1的分析】** 周兴、黄华从公司分得的税后红利30万元和20万元应按“利息、股息、红利所得”项目缴纳个人所得税。

周兴应纳税额 $=300\ 000\times20\%=60\ 000$（元）

黄华应纳税额 $=200\ 000\times20\%=40\ 000$（元）

## 四、利息、股息、红利所得的纳税筹划

### （一）投资方式筹划法

个人进行投资时，最重要的因素就是投资的净收益，如果一项投资收益的税前收益很高，但需要缴纳的税收同样也很高，则净收益不一定很吸引人；相反，虽然某些投资的税前收益不高，但净收益效果很好，则这项投资也会吸引众多投资者。投资方式筹划法主要包括以下几种：

1. 国债投资

根据国家有关规定，个人投资国债和特种金融债券所获得的利息免征个人所得税。国债有“金边债券”之称，是最安全的投资种类，在投资理财中一般被视为无风险产品。国债有凭证式国债、记账式国债和电子式储蓄国债之分，各有特点。国债基本上都是三年期或五年期的，票面利率都超过同期银行的储蓄存款利率，再加上国债利息收入有免税规定，因此其实际收益率较高。

2. 基金

根据财政部、国家税务总局的规定，投资者申购和赎回基金所取得的差价收入，暂不征收个人所得税。这主要是由于基金获得的股息、红利以及企业债的利息收入，已经由上市公司在向基金派发时代扣代缴了20%的个人所得税，所以基金向个人投资者分配红利时不再扣缴个人所得税。因此，从长期来看，投资基金不仅可能带来较高的收益，还能达到合理避税的作用。但相比于其他理财产品，除货币基金外，基本上所有基金都收取申购费和赎回率，且费率较高，如偏股票型基金的申购费率一般在1.5%以上。

3. 股票

目前，国家对股票转让所得暂免征收个人所得税，同时对个人取得的股份制企业用资本公积金转增的股本数额也不征收个人所得税。但对个人投资者从上市公司取得的股息、红利所得，暂按50%计入个人应纳税所得额计征个人所得税。与基金投资一样，股票投资也有较高的成本，需要缴纳印花税和佣金等费用。

4. 保险

根据税法规定，参加保险所获得的各类赔偿是免税的。同时，为了配合建立社会保障制度，我们平常所说的“三险一金”，即基本养老保险、

基本医疗保险、失业保险和住房公积金，只要不超过国家规定的缴纳标准，均可从个人当期的工资、薪金收入中扣除，免于征收个人所得税。不过需要注意的是，我国现行的《个人所得税法》等法律法规中，有保险赔偿金不征收个人所得税的规定，却并没有保险产生的收益可以免税的规定，所以目前保险收益免税的问题存在争议。

（二）所得再投资筹划法

对于个人因持有公司的股票而取得的股息、红利所得，税法规定予以征收个人所得税。但为了鼓励企业和个人进行投资和再投资，各国对企业的留存未分配利润都不征收所得税。如果个人对企业的前景看好，就可以将本该领取的股息、红利所得留在企业，作为对公司的再投资。这种做法既可以避免缴纳个人所得税，又可以更好地促进企业的发展，使得自己的股票价值更加可观。如果投资者需要现金，则可出售手中持有的股票，所获得的价差即资本利得是免税的。采用这种方法避税，需要借助于公司的股利分配政策，公司采用低股利政策可以达到规避个人所得税的目的。

（三）利用特别规定进行筹划

例如，依据《个人所得税法》以及有关规定，企业为股东购买车辆并将车辆所有权归入股东个人名下，其实质为企业对股东进行了红利性质的实物分配，应按照“利息、股息、红利所得”项目征收个人所得税。考虑到该股东个人名下的车辆同时也为企业经营使用的实际情况，允许合理减除部分所得，减除的具体数额由主管税务机关根据车辆的实际使用情况合理确定，但是企业为个人股东购买的车辆，不属于企业的资产，不得在企业所得税前扣除该车辆的折旧。因此对于企业和股东而言，如果将股息、红利分配给股东个人，再以个人名义购置车辆，无论对企业还是个人股东，都是不利的。而如果以企业名义购买车辆，则不仅可以减少股东个人的个人所得税，而且可以增加企业的企业所得税前扣除，降低企业的税收负担。

**【对导入案例 5-1 的分析】** 如果企业通过税后利润对股东进行分配，无论是分配现金还是购置小汽车分配给股东，都要按照税法规定扣缴周兴、黄华两人20%的个人所得税，合计10万元（50×20%）。周兴、黄华分得的红利应按“利息、股息、红利所得”项目缴纳个人所得税。

如果公司不采取利润分配的方式，而是通过企业购买车辆并将车辆所有权归入股东个人名下的方式，则既可以满足周兴、黄华两位股东的愿望，又可以使两位股东少缴个人所得税。

如果车辆较大部分用于个人使用，则允许减除的数额较小。假如主管税务部门确定可以减除的比例为50%，则周兴、黄华可以少缴个人所得税5万元（50×50%×20%）。虽然税法同时规定上述企业为个人股东购买的车辆，不属于企业的资产，不得在企业所得税前扣除折旧，但企业通过这种方式还是可以在会计账务处理上，抵消企业的未分配利润，达到同样的实际分配效果。

而如果该车辆主要为企业使用，则可以企业名义购买车辆，这种做法不仅可以减少股东个人的个人所得税，而且可以增加企业的企业所得税前扣除，降低企业的税收负担。

## 第二节　投资者的纳税筹划

投资者对企业进行投资时，可以以股息、红利，个体工商户的生产、经营所得，工资、薪金，利息所得等方式从企业获得收入，而各种方式的税收负担是不同的。为此，投资者需要从综合税收负担率的角度进行考虑，选择最有利的方式，从而获得最大的收益。

### 一、企业组织形式的纳税筹划

投资者在对企业进行投资时，可以在合伙企业、个人独资企业和公司制企业之间进行选择。由于现行《企业所得税法》采用法人所得税制，所以不同类型的企业及其投资者应该缴纳的税款如下：（1）公司制企业，包括有限责任公司和股份有限公司，具有法人资格，属于企业所得税的纳税人，需要缴纳企业所得税；公司对税后利润进行分配时，投资者个人获得的股息、红利收入需要按照“利息、股息、红利所得”项目，按照20%的税率缴纳个人所得税。（2）个人独资企业和合伙企业不具有法人资格，因此无须缴纳企业所得税，投资者个人的生产、经营所得比照“个体工商户的生产、经营所得”项目，按照5%～35%的超额累进税率缴纳个人所得税。因此投资者在对企业进行投资、选择企业组织形式时，需要考虑其综合税收负担率。

1. 公司制企业投资者的综合税收负担率

一般情况下，在没有纳税调整项目的条件下，公司制企业投资者股息、红利的综合税收负担率为40%。其计算过程如下所示：

$$\begin{aligned}综合税收负担率 &= 企业所得税负担率 + 个人所得税负担率\\ &= 25\% + (1-25\%)\times 20\%\\ &= 40\%\end{aligned}$$

**【例5-3】** 五位个人投资者开办了一家公司制企业，每人拥有20%的股权。该企业全年的应纳税所得额为400 000元，则该企业需缴纳100 000元的企业所得税。税后利润为300 000元，每位投资者分得60 000元，则每位投资者需要缴纳12 000元的个人所得税，最终每位投资者实际获得48 000元的股息、红利收入。其股息、红利收入的综合税收负担率为40%［(100 000 + 12 000 × 5) ÷ 400 000］。

如果该企业符合小型微利企业的条件，则投资者股息、红利的综合税收负担率为36%［20% + (1 − 20%) × 20%］；如果该企业处于免税期，则投资者股息、红利的综合税收负担率为20%，即该公司无须缴纳企业所得税，投资者只需缴纳个人所得税；如果该企业处于减半征税期，则投资者股息、红利的综合税收负担率为30%［25% × 50% + (1 − 25% × 50%) × 20%］。

2. 个人独资企业、合伙企业投资者的综合税收负担率

个人独资企业、合伙企业由于不具有法人资格，因此不适用《企业所得税法》，而是适用《个人所得税法》，其投资者个人的生产、经营所得比照《个人所得税法》中“个体工商户的生产、经营所得”项目，按照5% ~35%的超额累进税率缴纳个人所得税。因此其投资者所获生产、经营所得的税收负担率高低不等，但都小于35%。

**【例5-4】** 五位个人投资者开办了一家合伙企业，按照《合伙协议》的约定，五位投资者平均分配生产、经营所得。该企业全年的应纳税所得额为400 000元，每位投资者分得80 000元，则每位投资者应按照30%的税率、9 750元的速算扣除数计算应纳的个人所得税为14 250元（80 000 × 30% − 9750）。

最终每位投资者实际获得65 750元，其综合税收负担率为17.81%（14 250÷80 000）。

从上面的两个例子我们可以看到，在企业生产、经营状况相同的情况下，由于所选择的企业组织形式不同，每位投资者最终实际获得的收入相差17 750元。之所以出现这种差异，原因在于公司制企业既要缴纳企业所得税，同时其投资者还要缴纳个人所得税，存在着重复征税问题。因此，投资者在投资兴办企业时，需要考虑企业的盈亏状况、预计负债情况以及今后的发展等因素，慎重选择企业的组织形式。因为虽然单纯从税收角度看，合伙企业可以避免重复征税问题，但是由于合伙企业不具有法人资格，投资者要以个人财产对企业债务承担无限连带责任，因此投资者的风险远远大于公司制企业投资者的风险。所以投资者要结合多种因素，慎重选择企业的组织形式。

## 二、获取收益方式的纳税筹划

投资者对公司制企业进行投资，获取收益的方式主要有三种：（1）进行股权投资，以股息、红利的方式获取收益；（2）进行债权投资，以利息的方式获取收益；（3）在企业工作，获取工资、薪金所得。这三种获取收益的方式税收负担各不相同。

### （一）进行股权投资获取股息、红利的综合税收负担率

前面我们已经介绍过，在企业所得税税率为25%，且没有税收优惠的情况下，公司制企业投资者股息、红利的综合税收负担率为40%；如果企业符合小型微利企业的条件，则投资者股息、红利的综合税收负担率为36%；如果企业处于免税期，则投资者股息、红利的综合税收负担率为20%；如果企业处于减半征税期，则投资者股息、红利的综合税收负担率为30%。

### （二）进行债权投资获取利息的综合税收负担率

如果投资者对公司进行股权投资后，再将部分款项以贷款的方式借给公司使用，按照同类同期银行贷款利率获得利息收入，则投资者个人需要按照金融保险业标准缴纳5%的营业税，按7%（假设城市维护建设税税率为7%）的税率缴纳城市维护建设税、按3%的比率缴纳教育费附加，按“利息、股息、红利所得”项目缴纳20%的个人所得税，则其税收负

担率为25.5%。计算过程如下：

综合税收负担率 = 5% + 5% ×（7% + 3%）+ 20% = 25.5%。

（三）获取工资、薪金所得的综合税收负担率

投资者在企业中工作，获得的工资、薪金所得适用七级超额累进税率缴纳个人所得税。同时投资者要善于利用《国家税务总局关于调整个人取得全年一次性奖金等计算征收个人所得税方法的通知》的规定，合理发放每月的工资、薪金以及全年一次性奖金。由于工资、薪金按七级超额累进税率缴纳个人所得税，所以所得不同，其税收负担率也不同。但是，只要投资者每月从企业获得的工资、薪金收入不超过301 600元，其税收负担率将不超过40%，低于利息、股息、红利的综合税收负担率。从上述数字我们可以看到，通过增加投资者的工资，可以降低投资者的税收负担。

## 三、投资者获取收益方式的纳税筹划

由于新《企业所得税法》取消了计税工资的限制，规定企业实际发生的、合理的职工工资、薪金，可以在税前扣除。因此公司制企业的投资者，可以通过合理地设计其工资、薪金与股权投资的数额和债权投资的数额，达到在企业经营状况相同的情况下，降低税收负担的目的。

**【例5-5】** 如果五位投资者开办了一家公司制企业，每人拥有20%的股权。每位投资者都在企业工作，每月工资为3 500元，由于每月的工资未超过3 500元的免征额，所以无须缴纳个人所得税。该企业全年的应纳税所得额为600 000元，缴纳企业所得税和个人所得税后每位投资者实际可获得税后股息、红利所得72 000元［600 000 ×(1 − 25%) ÷ 5 ×(1 − 20%)］。即每位投资者全年实际获得了税后收入114 000元(42 000 + 72 000)。

在企业经营状况不变的情况下，如果每位投资者每月的工资增加到9 000元，年底发放全年一次性奖金54 000元，则企业的应纳税所得额为0。每位投资者应纳个人所得税税额为11 835元。计算过程如下：

全年工资应纳个人所得税 = ［（9 000 − 3 500）×20% − 555］×12 = 6 540（元）

全年一次性奖金适用的税率为10%，速算扣除数为105元，则全年一次性奖金应纳个人所得税 = 54 000 ×10% − 105 = 5 295（元）

全年每位投资者应纳个人所得税 =6 540 +5 295 =11 835（元）

每位投资者的税后实际收入 =9 000 ×12 +54 000 -11 835 =150 165（元）

通过比较，我们可以看到，通过合理设计投资者的工资、薪金，可以达到降低税收负担的目的。在实际的筹划过程中，需要注意以下问题：

1．只要工资、薪金的税收负担率不超过利息、股息、红利的税收负担率，就可以通过增加工资、薪金的方式降低投资者的税收负担。但需要注意，根据新《企业所得税法》的规定，工资支出必须在合理的范围内才能够允许在企业所得税前扣除，所以投资者必须关注国家税务总局对“合理”的具体解释。否则，可能出现工资、薪金不能全额在税前扣除，纳税调整增加企业所得税应纳税所得额的问题，此时，增加投资者的工资、薪金收入不但无法达到降低税收负担的目的，反而会增加投资者的税收负担。

2．当债权投资的综合税收负担率低于股权投资的税收负担率时，投资者可以适当减少股权投资，增加债权投资，但需要注意《企业所得税法》中有关特别纳税调整的规定：“企业从其关联方接受的债权性投资与权益性投资的比例超过标准而发生的利息支出，不得在计算应纳税所得额时扣除。”对于，债权性投资与权益性投资的比例，具体规定为：金融企业为5∶1，其他企业为2∶1。为此，投资者在安排权益投资和债权投资时，需要注意税法对两者比例的限制，如果债权投资超过规定比例，可能出现为债权投资所支付的利息不能在企业所得税前扣除的问题，无法达到纳税筹划的效果。

总之，投资者进行投资时，需要注意以下两个方面：首先，选择企业的组织形式——公司制企业还是合伙企业、个人独资企业；其次，合理设计投资者的股权投资、债权投资的数额以及工资薪金数额。通过这两个方面的筹划，可以在一定程度上降低投资者的税收负担。

## 【本章小结】

1．利息、股息、红利所得是指个人拥有债权、股权而取得的利息、股息、红利所得。

2．利息、股息、红利所得，以每次收入额为应纳税所得额，不得扣除任何费用，以每次支付的利息、股息、红利为一次收入计算缴纳个人所得税。

3. 对于利息、股息、红利所得，可以采用投资方式筹划、所得再投资筹划等方法进行纳税筹划。

4. 投资者在对企业进行投资时，需要注意以下两个方面：(1) 选择企业的组织形式——公司制企业还是合伙企业、个人独资企业；(2) 合理设计投资者的股权投资、债权投资的数额以及工资、薪金数额。通过这两个方面的筹划，可以在一定程度上降低投资者的税收负担。

## 【操作练习】

1. 张扬2012年6月从上市公司分得股息、红利9 000元，请计算其应缴纳的个人所得税。

2. 江苏常铝铝业股份有限公司2009年度权益分派实施公告：以公司现有总股本170 000 000股为基数，向全体股东每10股送红股3股，派0.4元人民币现金；同时，以资本公积金（股本溢价）向全体股东每10股转增7股。分红前本公司总股本为170 000 000股，分红后公司总股本增至340 000 000股。请问江苏常铝铝业股份有限公司在对个人股东进行分红和配股的过程中应如何处理税收问题？

3. 孟繁勇、薛志钢两人投资兴办了一家公司制企业，每人拥有50%的股权。两位投资者都在企业工作，每月工资为3 500元。该企业全年的应纳税所得额为800 000元。请问该企业投资者的工资设计是否合理？应该如何降低投资者的税收负担？

# 第六章

# 个人财产所得纳税申报与纳税筹划

个人财产所得主要包括财产租赁所得和财产转让所得两个税目。

## 第一节　财产租赁所得的纳税申报与纳税筹划

**【导入案例 6-1】**　北京市民张勇 2012 年因继承祖业，获得一处房产，张勇决定将房子出租。2012 年 3 月，张勇将空闲房子出租给了他人，租期为 9 个月。张勇在房屋出租后主动到地方主管税务机关申报纳税。地方主管税务机关根据张勇的房屋出租收入减去应纳的营业税、房产税及其他相关费用后，核定张勇每月应纳税所得额为 4 800 元，每月应纳个人所得税 480 元。张勇于 4 月 7 日前向地方主管税务机关缴纳了其第一个月的个人所得税。

但是，没过几天，张勇便发现由于房子年久失修，好几处都存在漏水、墙壁裂纹等情况。张勇找房屋维修人员进行检查。维修人员指出，目前问题不是很大，但如果要想长久居住，必须进行全面维修。经过粗略计算，维修费用大概需要 5 800 元，工期 10 天左右。张勇考虑到目前房子已被租出，既然暂时不影响居住，就等到合同到期后再找维修队进行维修，到时正好用租金收入支付修理费。

**问题：**

张勇的这个想法是个好主意吗？

## 一、财产租赁所得的适用范围

财产租赁所得是指个人出租建筑物、土地使用权、机器设备、车船以及其他财产取得的所得。

个人取得的财产转租收入属于“财产租赁所得”的征税范围，由财产转租人缴纳个人所得税。在确认纳税义务人时，应以产权凭证为依据；对无产权凭证的，由主管税务机关根据实际情况确定。产权所有人死亡，在未办理产权继承手续期间，该财产出租而有租金收入的，以领取租金的个人为纳税义务人。

## 二、财产租赁所得的应纳税所得额

### （一）每次收入的确定

财产租赁所得按次纳税，以一个月内取得的收入为一次。

### （二）费用扣除标准

财产租赁所得实行定额和定率相结合的扣除方式，即：每次收入不足4 000元的，应纳税所得额按每次收入额减去800元计算；每次收入4 000元以上的，应纳税所得额按每次收入扣除20%后的余额计算。

### （三）应纳税所得额的确定

个人出租财产取得的财产租赁收入，在计算缴纳个人所得税时，应依次扣除以下费用：

1. 财产租赁过程中缴纳的税费。

2. 由纳税人负担的该出租财产实际开支的修缮费用。允许扣除的修缮费每月以800元为限，一次扣除不完的，未扣完的余额可无限期向以后月份结转抵扣。比如说，某纳税人5月份发生一笔1 700元的修缮费，那么在抵扣该费用时，应该在5月份抵扣800元，6月份抵扣800元，7月份抵扣100元。

3. 税法规定的费用扣除标准。每次或每月收入不超过4 000元的，费用减除额为800元；每次或每月收入在4 000元以上的，可减除收入20%的部分。

（四）个人转租房屋的应纳税所得额

个人将承租房屋转租取得的租金收入，属于个人所得税应税所得，应按“财产租赁所得”项目计算缴纳个人所得税。具体规定如下：

1. 取得转租收入的个人向房屋出租方支付的租金，凭房屋租赁合同和合法支付凭据允许在计算个人所得税时，从该项转租收入中扣除。

2. 有关财产租赁所得个人所得税前扣除税费的扣除次序调整为：

（1）财产租赁过程中缴纳的税费，包括营业税、城建税、教育费附加、房产税、印花税等；

（2）向出租方支付的租金；

（3）由纳税人负担的租赁财产实际开支的修缮费用，以每次 800 元为限，一次扣不完的下次继续扣除，直到扣完为止；

（4）税法规定的费用扣除标准。

因此，财产租赁所得应纳税所得额的计算分为下列两种情形：一是每次（月）收入不超过 4 000 元的其应纳税所得额 = 每次（月）收入额 - 准予扣除项目 - 修缮费用（800 元为限）- 800 元；二是每次（月）收入超过 4 000 元的其应纳税所得额 =［每次（月）收入额 - 准予扣除项目 - 修缮费用（800 元为限）］×（1 - 20%）。

## 三、财产租赁所得的适用税率

财产租赁所得的基本税率为 20%。从 2001 年 1 月 1 日起，对个人按市场价出租的住房，暂减按 10% 的税率征收个人所得税。

## 四、财产租赁所得应纳税额的计算

财产租赁所得按次计税，应纳税额的计算公式为：

1. 每次（月）收入额不足 4 000 元的

应纳税额 = 应纳税所得额 × 适用税率

=［每次（月）收入额 - 允许扣除的项目（税费）- 修缮费用（800 为限）- 800］× 20%

2. 每次收入额在 4 000 元以上的

应纳税额 = 应纳税所得额 × 适用税率

=［每次收入额 - 允许扣除的项目（税费）- 修缮费用（800 为限）］×（1 - 20%）× 20%

**【例 6-1】** 王某 2012 年 1 月将市区内闲置的一处住房出租给他人居住，租期为 1 年，每月租金为 2 000 元，可提供实际缴纳营业税和房产税等税收的完税凭证。7 月发生漏雨修缮费 1 000 元。则其 7 月和 8 月应纳个人所得税分别是多少？

**解析：**

（1）个人按市场价出租的居民住房，在 3% 税率的基础上减半征收营业税，房产税减按 4% 的税率计税，个人所得税减按 10% 的税率计税；

（2）城市维护建设税 7%，教育费附加 3%；

（3）财产租赁收入扣除费用包括税费、修缮费和法定扣除标准；

（4）允许扣除的修缮费用，以每次 800 元为限。一次扣除不完的，准予在下一次继续扣除，直到扣完为止。此题中的 1 000 元修缮费，7 月扣 800 元，8 月扣 200 元。

7 月份房租收入应纳税额 =［2 000 − 2 000 × 3% ÷ 2 ×（1 + 7% + 3%）− 2 000 × 4% − 800 − 800］× 10% = 28.7（元）

8 月份房租收入应纳税额 =［2 000 − 2 000 × 3% ÷ 2 ×（1 + 7% + 3%）− 2 000 × 4% − 200 − 800］× 10% = 88.7（元）

**【例 6-2】** 广州永华技术公司因业务需要租赁孙利汽车一辆，租金为 3 000 元。计算永华技术公司为孙利代扣代缴的个人所得税。

**解析：**

孙利的此笔收入属于财产租赁所得，应缴纳个人所得税。

应缴纳营业税 = 3 000 × 5% = 150（元）

应缴纳城市维护建设税和教育费附加 = 150 ×（7% + 3%）= 15（元）

应缴纳个人所得税 =（3 000 − 150 − 15 − 800）× 20% = 407（元）

## 五、财产租赁所得的纳税筹划

根据财产租赁所得应纳税额的计算方法，财产租赁所得筹划方法的一般思路是：分次取得收入，最大限度地进行费用扣除。

（一）次数筹划法

财产租赁所得是按次数征收的，以纳税人一个月取得的收入为一次。纳税人在取得财产收入时，若能将一笔收入分月取得，就能增加费用扣除的次数，从而减少应纳税所得额，减轻税收负担。

（二）出租房装修时间巧安排筹划法

对房屋租赁而言，如将房屋装修工作安排在签订租赁合同的当月或以后，这样修缮费用与该出租财产直接相关，可持有效凭证进行抵扣，从而达到增加费用扣除，降低应纳税额的目的。

**【对导入案例6-1的分析】**　张勇出租房屋取得的收入，应按“财产租赁所得”项目缴纳个人所得税，税率为10%。

如果现在不对房屋进行维修：

张勇每月应缴纳个人所得税 =4 800 ×10% =480（元）

张勇9个月应缴纳个人所得税 =480 ×9 =4 320（元）

如果现在就动工维修：

房屋的维修费用大约为5 800元。按照税法规定，在今后将近8个月的纳税期限内，这笔维修费用在计算缴纳个人所得税时可全部扣除完毕，2—8月每月扣除800元，第9个月扣除200元，这样可以抵扣的个人所得税464元［5 800 ×（1 –20%）×10%］。

这样就成功地实现了节税筹划。

但是需要注意的是，依据规定，在支付维修费用时，一定要向维修人员索取合法、有效的房屋维修发票，并及时报经地方主管税务机关核实，经税务机关确认后才能扣除。

## 第二节　财产转让所得的纳税申报与纳税筹划

**【导入案例6-2】**　李欣晔出售一套商品房，成交价为20万元，4年前购进价为10万元，实际发生的装修费用为3万元，贷款利息、手续费、公证费、税金等其他可减除项目，能找到税前扣除凭据的只有1万元，即其他扣除项目共计2万元。

**问题：**

1. 计算出售房产应缴纳的个人所得税。
2. 如何通过纳税筹划降低应纳个人所得税税额？

## 一、财产转让所得的适用范围

财产转让所得，是指个人转让有价证券、股权、建筑物、土地使用权、机器设备、车船以及其他财产取得的所得。

在现实生活中，个人进行的财产转让主要是个人财产所有权的转让。财产转让实际上是一种买卖行为，当事人双方通过签订、履行财产转让合同，形成财产买卖的法律关系，使出让财产的个人从对方取得价款（收入）或其他经济利益。财产转让所得因其性质的特殊性，需要单独列举项目征税。对个人取得的各项财产转让所得，除股票转让所得外，都要征收个人所得税，具体规定如下：

1．股票转让所得。

根据《个人所得税法实施条例》规定，对股票所得征收个人所得税的办法，由财政部另行制定，报国务院批准施行。鉴于我国证券市场发育还不成熟，股份制还处于试点阶段，对股票转让所得的计算、征税办法和纳税期限的确认等都需要做深入的调查研究后，结合国际通行的做法，做出符合我国实际的规定。因此，国务院决定，对股票转让所得暂不征收个人所得税。

2．量化资产股份转让。

在企业改组改制过程中，对职工个人以股份形式取得的量化资产作为分红依据，不拥有所有权的企业量化资产，不征收个人所得税；对职工个人以股份形式取得的拥有所有权的企业量化资产，暂缓征收个人所得税；待个人将股份转让时，就其转让收入额，减除个人取得该股份时实际支付的费用支出和合理转让费用后的余额，按“财产转让所得”项目计征个人所得税。

3．个人出售自有住房。

（1）根据《个人所得税法》的规定，个人出售自有住房取得的所得应按照“财产转让所得”项目征收个人所得税。应纳税所得额按下列原则确定：

① 个人出售除已购公有住房以外的其他自有住房，其应纳税所得额按照《个人所得税法》的有关规定确定。

② 个人出售已购公有住房，其应纳税所得额为个人出售已购公有住房的销售价，减除住房面积标准的经济适用房价款、原支付超过住房面积标准的房价款、向财政或原产权单位缴纳的所得收益以及税法规定的合理费用后的余额。

已购公有住房是指城镇职工根据国家和县级（含县级）以上人民政府有关城镇住房制度改革政策规定，按照成本价（或标准价）购买的公有住房。

经济适用住房价格按县级（含县级）以上地方人民政府规定的标准确定。

③ 职工以成本价（或标准价）出资的集资合作建房、安居工程住房、经济适用住房以及拆迁安置住房，比照已购公有住房确定应纳税所得额。

（2）企事业单位将自建住房以低于购置或建造成本价格销售给职工的个人所得税的征税规定：

① 根据住房制度改革政策的有关规定，国家机关、企事业单位及其他组织（以下简称单位）在住房制度改革期间，按照所在地县级以上人民政府的房改成本价格向职工出售公有住房，职工因支付的房改成本价格低于房屋建造成本价格或市场价格而取得的差价收益，免征个人所得税。

② 除上述符合规定的情形外，根据《个人所得税法》及其实施条例的有关规定，单位按低于购置或建造成本价格出售住房给职工，职工因此而少支出的差价部分，属于个人所得税应税所得，应按照“工资、薪金所得”项目缴纳个人所得税。

其中“差价部分”，是指职工实际支付的购房价款低于该房屋的购置或建造成本价格的差额。

③ 对职工取得的上述应税所得，比照《国家税务总局关于调整个人取得全年一次性奖金等计算征收个人所得税方法问题的通知》(国税发［2005］9号）规定的全年一次性奖金的征税办法，计算征收个人所得税，即先将全部所得数额除以12，按其商数并根据《个人所得税法》规定的税率表确定适用的税率和速算扣除数，再根据全部所得数额、适用的税率和速算扣除数，按照税法规定计算征税。此前未征收税款不再追征，已征税款不予退还。

（3）对个人转让自用五年以上并且是家庭唯一生活用房取得的所得，免征个人所得税。

4. 个人通过招标、竞拍或其他方式购置债权以后，通过相关司法或行政程序主张债权而取得的所得，应按照“财产转让所得”项目缴纳个人所得税。

5. 员工行使股票期权后，将行权后的股票再转让时获得的高于购买日公平市场价的差额，是因个人在证券二级市场上转让股票等有价证券而获得的所得，应按照“财产转让所得”适用的征免规定计算缴纳个人所得税。

6. 作者将自己的文字作品手稿原件或复印件拍卖取得的所得，按照“特许权使用费”所得项目计算缴纳个人所得税；个人拍卖除文字作品原稿及复印件外的其他财产，应以其转让收入额减除财产原值和合理费用后的余额为应纳税所得额，按照“财产转让所得”项目适用的20%的税率缴纳个人所得税。

7. 自2010年1月1日起，对个人转让限售股取得的所得，按照“财产转让所得”，适用20%的比例税率征收个人所得税。

8. 个人因各种原因终止投资、联营、经营合作等行为，从被投资企业或合作项目、被投资企业的其他投资者以及合作项目的经营合作人取得股权转让收入、违约金、补偿金、赔偿金及以其他名目收回的款项等，均属于个人所得税应税收入，应按“财产转让所得”项目适用的规定计算缴纳个人所得税。

**【资料链接6-1】**

**2011年财产转让个税同比增近八成①**

国税总局有关负责人于2012年3月6日解答税收工作热点问题时表示，去年征收财产转让个人所得税451亿元，同比增长79.2%。今年税务机关将根据高收入者人群和所得来源的特点，继续有针对性地完善征管措施，抓好高收入者财产转让、股息、红利等非劳动所得和合伙企业股权投资、私募基金、中介机构生产经营所得的征管，推进个人从事广告演出所得和外籍人员所得的征管。

## 二、财产转让所得的税收优惠

1. 对个人转让自用五年以上，并且是家庭唯一生活用房取得的所得，继续免征个人所得税。

---

① 资料来源：《中国证券报》，转载自 http://www.jztlc.com/index/finance/2012/0307/216054.html，访问时间2012年9月5日。

2. 转让离婚析产房屋个人所得税的优惠。

通过离婚析产的方式分割房屋产权是夫妻双方对共有财产的处置，个人因离婚办理房屋产权过户手续，不征收个人所得税。

个人转让离婚析产房屋所取得的收入，允许扣除其相应的财产原值和合理费用后，余额按照规定的税率缴纳个人所得税；其相应的财产原值，为房屋初次购置全部原值和相关税费之和乘以转让者占房屋所有权的比例。

个人转让离婚析产房屋取得的收入，符合家庭生活自用五年以上唯一住房的，可以申请免征个人所得税，其购置时间按照《国家税务总局关于房地产税收政策执行中几个具体问题的通知》（国税发［2005］172号）执行。

### 三、财产转让所得的适用税率

财产转让所得适用的基本税率为20%。

### 四、财产转让所得应纳税额的计算

#### （一）一般情况下财产转让所得应纳税额的计算

1. 一般情况下应纳税所得额的确定

财产转让所得，以转让财产的收入减除财产原值和合理费用后的余额为应纳税所得额。

财产原值，是指：

（1）有价证券，为买入价以及买入时按照规定缴纳的有关费用；

（2）建筑物，为建造费或者购进价格以及其他有关费用；

（3）土地使用权，为取得土地使用权所支付的金额、开发土地的费用以及其他有关费用；

（4）机器设备、车船，为购进价格、运输费、安装费以及其他有关费用；

（5）其他财产，参照以上方法确定。

纳税义务人未提供完整、准确的财产原值凭证，不能正确计算财产原值的，由主管税务机关核定其财产原值。

合理费用是指卖出财产时按照规定支付的有关费用，经税务机关认定方可减除。

2．应纳税额的计算

财产转让所得应纳税额的计算公式为：

应纳税额 = 应纳税所得额 × 适用税率

= (收入总额 − 财产原值 − 合理税费) × 20%

**【例 6-3】** 某人建房一幢，造价 360 000 元，支付其他费用 50 000 元。该个人建成后将房屋出售，售价 600 000 元，在售房过程中按规定支付交易费等相关税费 35 000 元，计算其应缴纳的个人所得税。

**解析：**

房屋造价 360 000 元、支付相关费用 50 000 元及房屋交易过程中的相关费用 35 000 元，可以在计算个人所得税的应纳税所得额时扣除。

应纳税所得额 = 600 000 − (360 000 + 50 000) − 35 000 = 155 000（元）

应纳税额 = 155 000 × 20% = 31 000（元）

（二）个人住房转让所得应纳税额的计算

自 2006 年 8 月 1 日起，个人转让住房所得应纳个人所得税的计算具体规定如下：

1．以实际成交价格为转让收入。纳税人申报的住房成交价格明显低于市场价格且无正当理由的，征收机关依法有权根据有关信息核定其转让收入，但必须保证各税种计税价格一致。

2．纳税人可凭原购房合同、发票等有效凭证，经税务机关审核后，允许从其转让收入中减除房屋原值、转让住房过程中缴纳的税金及有关合理费用。

（1）房屋原值具体为：①商品房，购置该房屋时实际支付的房价款及缴纳的相关税费。②自建住房，实际发生的建造费用及建造和取得产权时实际缴纳的相关税费。③经济适用房（含集资合作建房、安居工程住房），原购房人实际支付的房价款及相关税费，以及按规定交纳的土地出让金。④已购公有住房，原购公有住房标准面积按当地经济适用房价格计算的房价款，加上原购公有住房超标准面积实际支付的房价款以及按规定向财政部门（或原产权单位）缴纳的所得收益及相关税费。已购公有住房是指城镇职工根据国家和县级（含县级）以上人民政府有关城镇住房制度改革政策规定，按照成本价（或标准价）购买的公有住房。经济适用房价格按县级（含县级）以上地方人民政府规定的标准确定。⑤城镇拆迁安置住房，房屋拆迁取得货币补偿后购置房屋的，为购置该房屋实际支付的房价款及缴纳的相关税费；房屋拆迁采取产权调换方式的，所调换房屋原值为《房屋拆迁补偿安置协议》注明的价款及缴纳的相关税费；房屋拆迁采取产权调换方式，被拆迁人除取得所调换房屋，又取得部分货币补偿的，所调换房屋原值为《房屋拆迁补偿安置协议》注明的价款和缴纳的相关税费，减去货币补偿后的余额；房屋拆迁采取产权调换方式，被拆迁人取得所调房屋，又支付部分货币的，所调换房屋原值为《房屋拆迁补偿安置协议》注明的价款，加上所支付的货币及缴纳的相关税费。

（2）转让住房过程中缴纳的税金是指纳税人在转让住房时实际缴纳的营业税、城市维护建设税、教育费附加、土地增值税、印花税等税金。

（3）合理费用是指纳税人按照规定实际支付的住房装修费用、住房贷款利息、手续费、公证费等费用。其中：①住房装修费用。纳税人能提供实际支付装修费用的税务统一发票，并且发票上所列付款人姓名与转让房屋产权人一致的，经税务机关审核，其转让的住房在转让前实际发生的装修费用，可在以下规定比例内扣除：已购公有住房、经济适用房，最高扣除限额为房屋原值的15%；商品房及其他住房，最高扣除限额为房屋原值的10%。纳税人原购房为装修房，即合同注明房价款中含有装修费（铺装了地板，装配了洁具、厨具等）的，不得再重复扣除装修费用。②住房贷款利息。纳税人出售以按揭贷款方式购置的住房的，其向贷款银行实际支付的住房贷款利息，凭贷款银行出具的有效证明据实扣除。③纳税人按照有关规定实际支付的手续费、公证费等，凭有关部门出具的有效证明据实扣除。

3. 纳税人未提供完整、准确的房屋原值凭证，不能正确计算房屋原值和应纳税额的，税务机关可根据《税收征收管理法》第三十五条的规定，对其实行核定征税，即按纳税人住房转让收入的一定比例核定应纳个人所得税额。具体比例由省级地方税务局或者省级地方税务局授权的地市级地方税务局根据纳税人出售住房的所处区域、地理位置、建造时间、房屋类型、住房平均价格水平等因素，在住房转让收入1%～3%的幅度内确定。

4. 为方便出售住房的个人依法履行纳税义务，加强税收征管，主管税务机关要在房地产交易场所设置税收征收窗口，个人转让住房应缴纳的个人所得税，应与转让环节应缴纳的营业税、契税、土地增值税等税收一并办理；地方税务机关暂没有条件在房地产交易场所设置税收征收窗口的，应委托契税征收部门一并征收个人所得税等税收。

**【对导入案例 6-2 的分析】** 对于李欣晔转让其 4 年前购入的商品房，在计算应纳税所得额时，需要注意：房屋的购进价 10 万元允许扣除；实际发生的装修费用 3 万元，由于超过了房屋购进价的 10%，因此最多只能扣除 1 万元；贷款利息、手续费、公证费、税金等其他可减除项目，由于只有 1 万元能够找到税前扣除凭据，因此只允许扣除 1 万元。

李欣晔财产转让所得的应纳税所得额 = 20 − 10 − 1 − 1 = 8（万元）

应纳税额 = 8 × 20% = 1.6（万元）

（三）个人销售无偿受赠不动产应纳税额的计算

为加强房地产交易中个人无偿赠与不动产行为的税收管理，国税发［2006］144 号文件规定个人将受赠的不动产对外销售时应征收个人所得税。个人将受赠不动产对外销售时征收个人所得税的具体规定如下：

1. 受赠人取得赠与人无偿赠与的不动产后，再次转让该项不动产的，在缴纳个人所得税时，以财产转让收入减除受赠、转让住房过程中缴纳的税金及有关合理费用后的余额为应纳税所得额，按 20% 的适用税率计算缴纳个人所得税。即：

（1）按“财产转让所得”项目征收个人所得税。

（2）按财产转让收入减除受赠、转让住房过程中缴纳的税金及有关合理费用后的余额为应纳税所得额，按 20% 的适用税率计算缴纳个人所得税。

（3）税务机关不得核定征收。

2. 在受赠和转让住房过程中缴纳的税金。

个人转让住房和受赠住房涉及的其他税金，按相关的规定处理。

（四）自然人转让投资企业股权（份）

自然人转让所投资企业股权（份）（以下简称股权转让）取得所得，按照公平交易价格计算并确定计税依据。对于纳税人分期投入获得的股权，在部分转让时，应该按照下列公式计算其转让部分股权的计税成本。

转让部分股权计税成本 = 全部股权计税成本 × 转让比例

纳税人转让股权计税依据明显偏低且无正当理由的，主管税务机关可以核定征收个人所得税。

1. 计税依据明显偏低且无正当理由的判定方法

（1）符合下列情形之一且无正当理由的，可视为计税依据明显偏低：

① 申报的股权转让价格低于初始投资成本或低于取得该股权所支付的价款及相关税费的。

② 申报的股权转让价格低于对应的净资产份额的。

③ 申报的股权转让价格低于相同或类似条件下同一企业同一股东或其他股东股权转让价格的。

④ 申报的股权转让价格低于相同或类似条件下同类行业的企业股权转让价格的。

⑤ 经主管税务机关认定的其他情形。

（2）上述所称正当理由，是指以下情形：

① 所投资企业连续 3 年以上（含 3 年）亏损。

② 因国家政策调整的原因而低价转让股权。

③ 将股权转让给配偶、父母、子女、祖父母、外祖父母、孙子女、外孙子女、兄弟姐妹以及对受让人承担直接抚养或者赡养义务的抚养人或者赡养人。

④经主管税务机关认定的其他合理情形。

2. 对申报的计税依据明显偏低且无正当理由的，可采取以下核定方法：

（1）参照每股资产或纳税人享有的股权比例所对应的净资产份额核定股权转让收入。

对知识产权、土地使用权、房屋、探矿权、采矿权、股权等合计占资产总额比例达 50% 以上的企业，净资产额须经中介机构评估核实。

（2）参照相同或类似条件下同一企业同一股东或其他股东股权转让价格核定股权转让收入。

（3）参照相同或类似条件下同类行业的企业股权转让价格核定股权转让收入。

（4）纳税人对主管税务机关采取的上述核定方法有异议的，应当提供相关证据，主管税务机关认定属实后，可采取其他合理的核定方法。

3. 纳税人再次转让所受让的股权的，股权转让的成本为前次转让的交易价格及买方负担的相关税费。

**【例 6-4】** 2009 年 3 月肖冲以 300 万元的资金投资入股到远大公司，

获得远大公司30%的股权；2011年5月以1 300万元的价格从其他股东手中收购了50%的股权；2012年8月以1 500万元的价格转让远大公司40%的股权，支付相关税费1万元。请计算肖冲应缴纳的个人所得税。

**解析：**

对于纳税人分期投入获得的股权，在部分转让时，应该按照下列公式计算其转让部分股权的计税成本。

转让部分股权计税成本＝全部股权计税成本×转让比例

因此，肖冲转让部分股权的计税成本＝（300＋1 300）×50%÷（30%＋50%）＝1 000（万元）

应纳税所得额＝1 500－1 000－1＝499（万元）

应纳税额＝499×20%＝99.8（万元）

**【资料链接6-2】**

### 北京加强股权转让个税征管①

记者获悉，北京市地税局和工商局近日连发两文，进一步加强股权转让个税征收管理。

其中，北京市地税局发布的《关于加强股权转让所得个人所得税征收管理有关问题的公告》（以下简称《公告》）表示，今后发生股权转让交易的负有个人所得税代扣代缴义务的受让方或纳税义务的转让方，均应当在取得所得的次月十五日内或签订股权转让协议以后至股权变更企业到工商行政管理部门办理股权变更登记之前，持相关纳税资料到发生股权变更企业的主管地税机关依法申报缴纳个人所得税并填报《个人股东变动情况报告表》。

《公告》特别对属于计税依据明显偏低但有正当理由的情形的股权转让行为进行了规范，规定了只有几类情况允许按照偏低计税依据征收，包括所投资企业连续三年以上亏损、因国家政策调整的原因而低价转让股权，以及将股权转让给配偶、父母等。对于上述情况，相关纳税人今后均要求出示相关的企业亏损证明、政策依据以及户口本等资料。

---

① 资料来源：中国证券网·上海证券报，转载自 http://stock.sohu.com/20120912/n352909716.shtml，访问时间2012年9月12日。

（五）个人因购买和处置债权取得所得应纳税额的计算

个人通过招标、竞拍或其他方式购置债权以后，通过相关司法或行政程序主张债权而取得的所得，应按照“财产转让所得”项目缴纳个人所得税。

个人通过上述方式取得“打包”债权，只处置部分债权的，其应纳税所得额按以下方式确定：

（1）以每次处置部分债权的所得，作为一次财产转让所得征税。

（2）其应税收入按照个人取得的货币资产和非货币资产的评估价值或市场价值的合计数确定。

（3）所处置债权成本费用（即财产原值），按下列公式计算：

当次处置债权成本费用 = 个人购置“打包”债权实际支出 × 当次处置债权账面价值（或拍卖机构公布价值）÷“打包”债权账面价值（或拍卖机构公布价值）

个人购买和处置债权过程中发生的拍卖招标手续费、诉讼费、审计评估费以及缴纳的税金等合理税费，在计算个人所得税时允许扣除。

（六）个人终止投资经营收回款项应纳税额的计算

个人因各种原因终止投资、联营、经营合作等行为，从被投资企业或合作项目、被投资企业的其他投资者以及合作项目的经营合作人取得股权转让收入、违约金、补偿金、赔偿金及以其他名目收回的款项等，均属于个人所得税应税收入。应按“财产转让所得”项目适用的规定计算缴纳个人所得税。

应纳税所得额 = 个人取得的股权转让收入、违约金、补偿金、赔偿金及以其他名目收回款项的合计数 − 原实际出资额（投入额）及相关税费

## 五、公司制企业股权激励的个人所得税问题

在第二章、第五章和第六章内容的基础上，我们整体分析公司制企业股权激励的个人所得税问题。

（一）股票期权的个人所得税问题

股票期权分为上市公司的不可公开交易的股票期权和可公开交易的股票期权以及非上市公司股票期权。

1. 不可公开交易的股票期权

（1）员工接受实施股票期权计划企业授予的股票期权时，除另有规定外，一般不作为应税所得征税。

（2）员工行权时，其从企业取得股票的实际购买价（施权价）低于购买日公平市场价（指该股票当日的收盘价，下同）的差额，是因员工在企业的表现和业绩情况而取得的与任职、受雇有关的所得，应按“工资、薪金所得”适用的规定计算缴纳个人所得税。

员工行权日所在期间的工资、薪金所得，应按下列公式计算工资、薪金应纳税所得额：

股票期权形式的工资、薪金应纳税所得额 =（行权股票的每股市场价 - 员工取得该股票期权支付的每股施权价）× 股票数量

应纳税额 =（股票期权形式的工资、薪金应纳税所得额/规定月份数 × 适用税率 - 速算扣除数）× 规定月份数

其中规定月份数的具体规定为：

① 员工取得来源于中国境内的股票期权形式的工资、薪金所得的工作期间月份数 < 12 个月的，按工作期间月份数计算；

② 工作期间月份数≥12 个月的，按 12 个月计算。

对上市公司高管纳税确有困难的，经主管税务机关审核，可自其股票期权行权之日起，在不超过 6 个月的期限内分期缴纳个人所得税。

对因特殊情况，员工在行权日之前将股票期权转让的，以股票期权的转让净收入，作为工资、薪金所得征收个人所得税。

（3）员工将行权后的股票再转让时获得的高于购买日公平市场价的差额，是因个人在证券二级市场上转让股票等有价证券而获得的所得，应按照“财产转让所得”适用的征免规定计算缴纳个人所得税。

（4）员工因拥有股权而参与企业税后利润分配取得的所得，应按照“利息、股息、红利所得”适用的规定计算缴纳个人所得税。

**【例 6-5】** 中国公民李先生为某上市公司技术人员，每月工资 8 000 元。2010 年该公司开始实行股票期权计划。2010 年 10 月 28 日，该公司授予李先生股票期权 50 000 股，授予价 3.5 元/股；该期权无公开市场价格，并约定 2012 年 10 月 28 日起李先生可以行权，行权前不得转让。2012 年 10 月 28 日李先生以授予价购买股票 50 000 股，当日股票在上证交易所的市场价格为 7 元/股。计算李先生的股票期权行权所得应缴纳多少个人所得税？

**解析：**

李先生股票期权行权所得应缴纳个人所得税 = [50 000 × (7 - 3.5) ÷ 12 × 25% - 1005] × 12 = 31 690（元）

2. 可公开交易的股票期权

（1）员工取得可公开交易的股票期权，作为员工授权日所在月份的工资、薪金所得，计算缴纳个人所得税。

如果员工以折价购入方式取得股票期权的，可以授权日股票期权的市场价格扣除折价购入股票期权时实际支付的价款后的余额，作为授权日所在月份的工资、薪金所得。

（2）员工取得可公开交易的股票期权后，转让该股票期权所取得的所得，按财产转让所得纳税，计算缴纳个人所得税。

（3）员工取得可公开交易的股票期权后，实际行权时，不再计算缴纳个人所得税。

**【例 6-6】** 2011 年 11 月 1 日某内资上市公司实施员工期权计划，王鑫以 2 000 元的价格获得 10 000 股可公开交易的股票期权（按 1 元/股购买）的配额，授权日市场价格为 4 元/股，当月还取得正常工资 5 000 元。2012 年 4 月 1 日为行权日。分析王鑫应如何计算缴纳个人所得税。

**解析：**

2011 年 11 月王鑫应纳个人所得税额 = [5 000 + 10 000 × (4 − 1) − 2 000 − 3 500] × 25% − 1 005 = 6 370（元）

则，他在 2012 年 4 月 1 日行权时不再纳税。

3. 公司雇员以非上市公司股票期权形式取得的所得，可比照全年一次性奖金计征个人所得税。

由于非上市公司的股票没有可参考的市场价格，为便于操作，除存在实际或约定的交易价格，或存在与该非上市股票具有可比性的相同或类似股票的实际交易价格情形外，购买日股票价值可暂按非上市公司上一年度经中介机构审计的会计报告中的每股净资产数额来确定。

**【例 6-7】** 甲公司为一家民营非上市公司。2009 年 1 月 1 日，该公司董事会通过一项股票期权激励计划，约定高管自 2009 年 1 月 1 日起，在公司工作满 3 年，可以按每股 1 元的价格从公司购买股票。公司共授予高管 50 000 股的股票期权计划。假设到 2011 年年底，总经理李某达到要求。根据激励计划，李某在 2012 年 1 月 1 日 ~ 3 月 31 日间可以行使按 1 元/股的价格从该公司购买 20 000 股的股票期权。李某在 2012 年 2 月 15 日行使了该项权利，按 1 元/股购买了 15 000 股公司股票，当日支付了价款并取得股权证明。经审核，该公司最近没有发生股权交易，无交易价格可以参考。经中介机构审计，该公司2011年年底每股净资产为11元。李某2月份取得工资、薪金收入25 000元。

**解析：**

1. 纳税义务发生时间：2012年2月15日。

2. 应纳税额的计算：

（1）股票价格的确定

由于该公司为非上市公司，在购买日公司股票的价值无法获得。同时，该公司最近也无任何可比的类似股票交易价格，因此，可以该公司上年年底即2011年年底经审计的每股净资产作为购买日股票价格的参考值，即李某在购买日取得的股票期权应纳税所得额 = (11 − 1) × 15 000 = 150 000（元）。

（2）应纳税额的计算

由于李某2月份取得的工资、薪金收入为25 000元，因此，王某股票期权所得的应纳税额计算过程如下：

① 确定税率

150 000 ÷ 12 = 12 500（元），对应的税率为25%，速算扣除数为1 005

② 计算税额

股票期权应纳税额 = 150 000 × 25% − 1 005 = 36 495（元）

（二）股票增值权

股票增值权，是上市公司授予公司员工在未来一定时期和约定条件下，获得规定数量的股票价格上升所带来收益的权利。被授权人在约定条件下行权，上市公司按照行权日与授权日二级市场股票差价乘以授权股票数量，发放给被授权人现金。股票增值权不涉及实际股票，往往以本公司股票作为虚拟的标的股票。

个人获得股票增值权时，比照股票期权进行处理。

1. 员工在接受股票增值权时，不作为应税所得缴纳个人所得税。

由于股票增值权计划只是授予了相关人员在行权日获取当时股票价格和授权日授予的股票价格价差的收益，并不是免费授予员工股票。因此，授权日是不征税的。

2. 行权日，员工取得的股票增值权所得应作为“工资、薪金所得”

项目所得征收个人所得税。

3. 股票增值权所得金额区别于所在月份的其他工资、薪金所得，单独计算缴纳个人所得税。

4. 员工在一个纳税年度内，多次行权取得所得的，应按规定进行累加计算。

5. 纳税义务发生时间是指上市公司向被授权人兑现股票增值权所得的日期。

**【例 6-8】** 广州国光公司授予部分高管 20 万份股票增值权，在授权日后 36 个月内每 12 个月执行一次增值权收益或罚款，如执行日前 30 个交易日广州国光平均收盘价（即执行价）高于本激励计划首次公告前 30 个交易日平均收盘价（即基准价），即 9.25 元/股，每份股票增值权可获得每股价差收益。

该企业计划授予其财务总监 2 万份的股票增值权，授权的价格为 9.25 元/股，到行权日假设行权的价格是 19.25 元/股，则根据股票增值计划，该财务总监可以获得 200 000 元［即(19.25 - 9.25) × 20 000］的股票增值权收益。

则财务总监需要缴纳的个人所得税 = (200 000/12 × 25% - 1 005) × 12 = 37 940（元）

如价差为负，则以差价总额的二分之一平均分 12 个月扣罚该高管工资，股票增值权对应的价差收益或处罚计入执行时公司当期损益。比如，到期日的行权价格为 6.25 元/股，则亏损 3 元/股，该财务总监累计应扣减的工资总额为 30 000 元（即 3 × 20 000 ÷ 2），应按 12 个月每月扣减该财务总监的工资 2 500 元（即 30 000 ÷ 12）。

### （三）限制性股票

限制性股票是指上市公司按照股权激励计划约定的条件，授予公司员工一定数量本公司的股票，在一个确定的等待期内或者在满足特定业绩指标之后，方可出售。限制性股票所得，比照股票期权进行税务处理。

(1) 原则上应在限制性股票所有权归属于被激励对象时确认其限制性股票所得的应纳税所得额。

即上市公司实施限制性股票计划时，应以被激励对象限制性股票在中国证券登记结算公司（境外为证券登记托管机构）进行股票登记日期的股票市价（指当日收盘价，下同）和本批次解禁股票当日市价（指当日收盘价，下同）的平均价格乘以本批次解禁股票份数，减去被激励对象本批次解禁股票份数所对应的为获取限制性股票实际支付的资金数额，其差额为应纳税所得额。被激励对象限制性股票的应纳税所得额计算公式为：

应纳税所得额 =（股票登记日股票市价 + 本批次解禁股票当日市价）÷ 2 × 本批次解禁股票份数 − 被激励对象实际支付的资金总额 ×（本批次解禁股票份数 ÷ 被激励对象获取的限制性股票总份数）

（2）限制性股票的个人所得税纳税义务发生时间为每一批次限制性股票解禁的日期。

**【例6-9】** A公司为上海证券交易所的上市公司，2010年5月31日经股东大会通过一项限制性股票激励计划，决定按每股5元的价格授予该公司总经理王某20 000股限制性股票，王经理支付了100 000元。2010年6月15日，中国证券登记结算公司将这20 000股股票登记在王某的股票账户名下。当日，该公司股票收盘价为15元/股。根据计划规定，自授予日起至2011年8月30日为禁售期。禁售期后3年内为解锁期，分三批解禁。第一批为2011年9月1日，解禁33%；第二批为2011年12月31日，解禁33%；最后一批于2012年3月31日，解禁最后的34%。2011年9月1日，经考核符合解禁条件，公司对王某的6 600股股票实行解禁。当日，公司股票的市场价格为25元/股。2011年12月31日，符合解禁条件后，又解禁了6 600股。当日，公司股票的市场价格为19元/股。2012年3月31日，经考核不符合解禁条件，公司注销其剩余的6 800股未解禁股票，返还其购股款34 000元。该公司已按规定将相关资料报税务机关备案，并依法履行个人所得税扣缴义务。

**解析：**

限制性股票的纳税义务发生时间为实际解禁日。

1. 2011年9月1日

应纳税所得额 =（15 + 25）÷ 2 × 6 600 − 100 000 × 6 600/20 000 = 99 000（元）

应纳税额 =（99 000 ÷ 12 × 20% − 555）× 12 = 13 140（元）

由于授予日至实际解禁日根据规定至少在一年，因此，规定月份数直接就取12个月。

2. 2011年12月31日

应纳税所得额 =（15 + 19）÷ 2 × 6 6000 − 100 000 × 6 600/20 000 =

79 200（元）

由于该纳税人在一个纳税年度内多次取得限制性股票所得，应按照《国家税务总局关于个人股票期权所得缴纳个人所得税有关问题的补充通知》(国税函［2006］902号）第七条、第八条所列公式规定合并计算个人所得税。

由于规定的月份数肯定是大于12，因此对于限制性股票，我们就无须按“规定月份数 = ∑各次或各项股票期权形式工资、薪金应纳税所得额与该次或该项所得境内工作期间月份数的乘积/∑各次或各项股票期权形式工资、薪金应纳税所得额”这个公式计算了，直接就取12。

应纳税款 =（本纳税年度内取得的股票期权形式工资、薪金所得累计应纳税所得额 ÷ 规定月份数 × 适用税率 − 速算扣除数）× 规定月份数 − 本纳税年度内股票期权形式的工资、薪金所得累计已纳税款

上市公司扣缴该经理的个人所得税应按如下方式计算：

应纳税额 =［（99 000 + 79 200）÷ 12 × 25% − 1 005］× 12 − 13 140 = 19 350（元）

13 140元为当年9月1日解禁的第一批股票应纳税额。

3. 2012年12月31日

由于考核不符合条件，该经理取得的限制性股票不予解禁，公司全部注销后返还购股款，被激励对象实际没有取得所得，因此不产生个人所得税纳税义务。

（四）转让上市公司限售股所得应纳税额的计算

1. 自2010年1月1日起，对个人转让限售股取得的所得，按照“财产转让所得”，适用20%的比例税率征收个人所得税。

2. 个人转让限售股的应纳税所得额

以每次限售股转让收入，减除股票原值和合理税费后的余额，为应纳税所得额。

应纳税所得额 = 限售股转让收入 −（限售股原值 + 合理税费）

应纳税额 = 应纳税所得额 × 20%

如果纳税人未能提供完整、真实的限售股原值凭证的，不能准确计算限售股原值的，主管税务机关一律按限售股转让收入的15%核定限售股原值及合理税费。

3. 纳税人同时持有限售股及该股流通股的，其股票转让所得，按照限售

股优先原则，即转让股票视同为先转让限售股，按规定计算缴纳个人所得税。

4. 对个人在上海证券交易所、深圳证券交易所转让上市公司公开发行和转让市场的上市公司股票取得的所得，继续免征个人所得税。

## 六、财产转让所得的纳税筹划

### （一）利用不同的税额计算方法进行纳税筹划

根据《个人所得税法》及其实施细则的规定，财产转让所得，以转让财产的收入减除财产原值和合理费用后的余额，为应纳税所得额，适用税率为20%。但在特定情况下，计税方法还有第二种选择，根据收入全额，按一定的征收率计算应纳税额。而选择的前提却是纳税人能否提供相关资料。因此，纳税人就有两种不同的缴税计算方法。

例如，根据《关于个人住房转让所得征收个人所得税有关问题的通知》（国税发［2006］108号）规定，个人转让住房，如果纳税人未提供完整、准确的房屋原值凭证，不能正确计算房屋原值和应纳税额的，税务机关可按一定比例核定应纳个人所得税额，幅度为纳税人住房转让收入的1%～3%。

目前，一些省级地方税务局确定的征收率一般为1%，假设房屋售价为$M$，可减除的房屋原值、合理费用、税金等为$N$，住房转让所得按税率缴纳的所得税为$(M-N)\times 20\%$，按征收率缴纳的所得税为$M\times 1\%$，当$(M-N)/M>5\%$时，按征收率合算。随着近年来房价上涨，二手房的增值率远大于5%，根据国税发［2006］108号文件的规定，可以减除的合理费用中，装修费用有最高扣除限额，已购公有住房、经济适用房的最高扣除限额为房屋原值的15%，商品房及其他住房为房屋原值的10%。如果房产购进时合同注明房价款中含有装修费的，不得再重复扣除装修费用。另一方面，贷款利息、手续费、公证费等其他费用和税金也未必都保留了凭据，所以通常扣除额会很少，因此按核定征收率缴税会相对合算。

**【对导入案例6-2的分析】** 如果按转让财产所得税税率20%计算，则：

应纳个人所得税$=(20-10-1-1)\times 20\%=1.6$（万元）

由于$(M-N)/M=(20-12)/20>5\%$，所以按征收率缴税合算。

如果按核定征收率为1%纳税，则：

应纳个人所得税$=0.2$（万元）

两者计算的个人所得税相差1.4万元（1.6－0.2）。

售房者即使按照3%的征收率，其缴纳的所得税只有0.6万元（20×3%），低于1.6万元。

（二）利用房产转让与购买的时间点进行纳税筹划

税法规定，对个人转让自用五年以上，并且是家庭唯一生活用房取得的所得，免征个人所得税。纳税人可以充分利用这一税收优惠进行纳税筹划。

（三）利用股票转让所得的优惠政策进行纳税筹划

员工持有的股票期权行权时，从企业取得股票的实际购买价（行权价）低于购买日公平市场价的差额，是因员工在企业的表现和业绩情况而取得的与任职、受雇有关的所得，应按“工资、薪金所得”适用的规定计算缴纳个人所得税。员工将行权后的股票再转让时获得的高于购买日公平市场价的差额，是因个人在证券二级市场上转让股票等有价证券而获得的所得，应按照“财产转让所得”适用的征免规定计算缴纳个人所得税。如果预计股票价格是一个上涨趋势，则早点行权为宜，尽量减少按工资、薪金所得计算应缴的个人所得税。

## 【本章小结】

1. 财产租赁所得是指个人出租建筑物、土地使用权、机器设备、车船以及其他财产取得的所得。

2. 财产租赁所得按次计算纳税。财产租赁所得每次收入不足4 000元的，应纳税所得额按每次收入额减去800元计算；每次收入4 000元以上的，应纳税所得额按每次收入扣除20%后的余额计算。

3. 对于财产租赁所得，每次（月）收入额不足4 000元的，应纳税额=应纳税所得额×适用税率=［每次（月）收入额－允许扣除的项目（税费）－修缮费用（800元为限）－800］×20%；每次收入额在4 000元以上的，应纳税额=应纳税所得额×适用税率=［每次收入额－允许扣除的项目（税费）－修缮费用（800元为限）］×（1－20%）×20%。

4. 财产转让所得，是指个人转让有价证券、股权、建筑物、土地使用权、机器设备、车船以及其他财产取得的所得。

5. 财产转让所得，以转让财产的收入减除财产原值和合理费用后的余额为应纳税所得额。

6. 对于财产转让所得，一般情况下，应纳税额 = 应纳税所得额 × 适用的税率 = （收入总额 - 财产原值 - 合理税费） ×20%。不同财产转让的个人所得税计算有所不同，学习时注意区别。

7. 本章介绍了公司制企业股权激励的个人所得税问题，包括股票期权、股票增值权、限制性股票、转让上市公司限售股的税务处理。

8. 要把握“财产租赁所得”、“财产转让所得”等项目筹划方法的基本精神。

## 【操作练习】

1. 居住在市区的中国居民李某，为一中外合资企业的职员，2012 年 4 月 1 日至 6 月 30 日，前往 B 国参加培训，出国期间将其国内自己的小汽车出租给他人使用，每月取得租金 5 000 元。要求：

（1）计算李某出租小汽车应缴纳的营业税、城市维护建设税和教育费附加；

（2）计算李某小汽车租金收入应缴纳的个人所得税。

2. 中国公民张勇将位于某市的房屋出租给他人居住，月租金 4 200 元。计算张勇每月租金收入应缴纳的个人所得税，思考如何进行该项所得的纳税筹划。其适用的营业税税率 3%，在此基础上，再减半征收，城建税税率 7%，教育费附加 3%，房产税税率 4%，个人所得税税率 10%。

3. 居住在市区的中国居民李某，11 月份以每份 218 元的价格转让 2006 年的企业债券 500 份，发生相关税费 870 元，债券申购价每份 200 元，申购时共支付相关税费 350 元；11 月份转让 A 股股票取得所得 24 000 元。计算李某转让有价证券所得应缴纳的个人所得税。

4. 我国公民张先生为国内某企业高级技术人员，3 月转让其购买的三居室精装修房屋一套，售价 230 万元，转让过程中支付相关税费 13.8 万元。该套房屋的购进价为 100 万元，购房过程中支付相关税费 3 万元。所有税费支出均取得合法凭证。计算转让房屋所得应缴纳的个人所得税并进行纳税筹划。

# 第七章

# 其他所得纳税申报与纳税筹划

本章所指其他所得包括稿酬所得、特许权使用费所得、偶然所得和其他所得等。

## 第一节　稿酬所得应纳税额的计算与纳税筹划

**【导入案例 7-1】**　高校教师彭博 2011 年 11 月出版了一本教材，出版合同约定采用版税方式支付稿酬——按照教材定价的 8% 支付版税，每半年支付一次。2012 年 6 月彭博获得稿酬 3 500 元，2012 年 12 月又获得稿酬 3 800 元。

**问题：**

1. 彭博应该缴纳多少个人所得税？
2. 该项所得应该如何缴纳个人所得税？

### 一、稿酬所得的适用范围

稿酬所得是指个人因其作品以图书、报刊形式出版、发表而取得的所得。将稿酬所得独立划归一个征税项目，而对不以图书、报刊形式出版、发表的翻译、审稿、书画所得划归劳务报酬所得，主要是考虑了出版、发表作品的特殊性。第一，它是一种依靠较高智力创作的精神产品；第二，它具有普遍性；第三，它与社会主义精神文明和物质文明密切相关；第四，它的报酬相对偏低。因此，稿酬所得应当与一般劳务报酬所得相区别，并给予适当优惠照顾。

在确定稿酬所得的使用范围时需要注意：

1．任职、受雇于报纸、杂志等单位的记者、编辑等专业人员，因在本单位的报纸、杂志上发表作品取得的所得，属于因任职、受雇而取得的所得，应与其当月工资收入合并，按“工资、薪金所得”项目征收个人所得税。除上述专业人员以外，其他人员在本单位的报纸、杂志上发表作品取得的所得，应按“稿酬所得”项目征收个人所得税。

2．出版社的专业作者撰写、编写或翻译的作品，由本社以图书形式出版而取得的稿费收入，应按“稿酬所得”项目计算缴纳个人所得税。

3．著作权转让所得按照“特许权使用费所得”缴纳个人所得税，而非“稿酬所得”缴纳个人所得税。

4．作者去世后，对取得遗作稿酬的个人，按“稿酬所得”项目计征个人所得税。

5．影视剧本作为文学创作而在图书、报刊上出版、发表取得的所得，应按“稿酬所得”项目计征个人所得税。

6．电影文学剧本以图书、报刊形式出版、发表而取得的所得，应按“稿酬所得”项目计征个人所得税。

---

**提问与思考**

如何区分稿酬所得与劳务报酬所得？

**分析与回答**

稿酬所得与劳务报酬所得的区别关键在于两点：一是看合同（协议）的主体；二是看合同（协议）的内容，作品是否发表在正规的出版物上。例如，译作家王远与北京某出版社签订图书翻译合同，合同中规定王远为该出版社购买版权的某外文图书进行翻译，译本将在中国内地出版。报酬为50元/千字，实际字数以版权页记录为准。印数2万册，印数稿酬为每千册付基本稿酬的1%。王远在封面“译者”处署名，合同同时规定该出版社在一定时期内取得该作品的专有使用权。

根据协议内容，我们可以确定该笔所得属于“稿酬所得”。理由如下：一是签订合同的主体是王远与某出版社，王远是具有独立民事行为能力的个人，出版社是具有出版发行图书资格的法人实体；二是合同中明确规定将出版发行该作品，而且王远享有署名权。由以上两点可以看出该笔所得符合我国税法中对稿酬的定义。

假设译作家王远与北京某出版社签订图书翻译合同，合同中规定王远为该出版社出版的50种中文图书配译英文简介，并为该出版社译制图书宣传册，以便在国际书展上使用。报酬为50元/千字，英文简介的实际翻译字数控制在每种3千字以内，宣传册控制在20千字以内。实际付酬按规定限额的最高字数给付。

根据协议内容，我们可以确定该笔所得属于“劳务报酬所得”。理由如下：签订合同的主体是王远与某出版社，该出版社不出版发行该译作，仅供图书宣传之用。因此，王远所翻译的文字作品应看做提供劳务取得的劳务报酬。

---

**【对导入案例7-1的分析】**　高校教师彭博以图书形式出版自己的作品，对其取得的所得应该按照“稿酬所得”缴纳个人所得税。

### 二、稿酬所得的应纳税所得额

（一）每次收入的确定

稿酬所得，以每次出版、发表取得的收入为一次。具体又可细分为：

1. 同一作品再版取得的所得，应视作另一次稿酬所得计征个人所得税。

2. 同一作品先在报刊上连载，然后再出版，或先出版，再在报刊上连载的，应视为两次稿酬所得征税。即连载作为一次，出版作为另一次。

3. 同一作品在报刊上连载取得收入的，以连载完成后取得的所有收入合并为一次，计征个人所得税。

4. 同一作品在出版和发表时，以预付稿酬或分次支付稿酬等形式取得的稿酬收入，应合并计算为一次。

5. 同一作品出版、发表后，因添加印数而追加稿酬的，应与以前出版、发表时取得的稿酬合并计算为一次，计征个人所得税。

**【对导入案例7-1的分析】** 版税是一种付酬方式，它是指著作权人因他人使用其作品而获得的一定的货币份额。彭博于2012年分次获得的稿酬，应属同一作品在出版和发表时，以分次支付稿酬形式取得的稿酬收入，应合并计算为一次收入。

（二）费用扣除额

稿酬所得实行定额和定率相结合的扣除方式，即：

每次收入不足4 000元的，应纳税所得额按每次收入额减去800元计算；每次收入在4 000元以上的，应纳税所得额按每次收入扣除20%后的余额计算。

**【对导入案例7-1的分析】** 彭博2012年6月获得的3 500元稿酬未超过4 000元，应该允许减除800元的费用扣除额，因此应纳税所得额为2 700元（3 500－800）；2012年12月彭博获得的3 800元稿酬应与6月份取得的稿酬合并为一次，稿酬所得为7 300元，超过4 000元，应该允许扣除20%的费用扣除额，因此其应纳税所得额为5 840元（7 300－7 300×20%）。

**【资料链接7-1】**

**委员聂震宁：稿费免征额太低　还是30年前标准①**

2012年3月，两会期间，要求国家推进结构性减税，增加国民收入的呼声甚高。对于普通百姓而言，其重要性已不待言；对于普通职业作家，这更是发自心底的呼声。

按照我国现行规定，作家稿酬“800元起征，按照20%的税率进行征收”。这一制定于31年前的标准，在个税免征额已涨到3 500元的背景下，显得尤其不合时宜。

---

① 资料来源：节选自《南方日报》，转载自 http：//news. 163. com/12/0311/08/7SA5BMUR00014AED. html，访问时间2012年9月8日。由于原文中“起征点”的说法不确切，因此用“免征额”这一确切说法进行替代。

来自文学、出版等领域的代表委员纷纷提出建议，大幅提高稿酬免征额，增加作家收入，鼓励作家创作。

全国政协委员、韬奋基金会会长、中国出版集团公司原总裁聂震宁今年两会上提交了名为《关于大幅度提高稿酬所得税免征额的建议》的提案。

提案中提到，30 年来我国个人工资、薪酬所得税免征额一再上调，而稿酬所得税免征额目前仍为 30 余年前的 800 元。因此，聂震宁建议国家有关部门尽快开展调研，大幅度提高稿酬所得税免征额。

半数网友支持减稿税

在结构性减税呼声四起的背景下，为稿费减税的建议得到了不少网友的响应。

《南方日报》联合腾讯新闻就此议题推出了网络投票。截至 2012 年 3 月 10 日 22 时，投票数据显示，持“800 元免征额太低了，应该提高”态度的网友比例为 50.65%，认为“稿酬可能算额外收入，不需要提高”的为 27.42%，建议“将稿费和工资合并计税”的则为 21.93%。由此可见，逾半数网友认为，应该提高稿费的免征额。

但也有部分网友认为，现行稿费税制虽说免征额低，但总体上还是划算的。

专家观点：有必要重新定义“工薪收入”

举例如下：独立图书策划人陈文伍算了一笔账：按现行税法，假如一个专职的职业作家一年出版一本书，印数为 5 000 册，定价为 20 元，版税率为 5%，那么他的稿酬收入为 5 000 元（5 000 × 20 × 5%），他需要缴纳的个人所得税为 560 元［5 000 − (5 000 × 20%)］× 20% − ［5 000 − (5 000 × 20%)］× 20% × 30%。

4 440 元（5 000 − 560）就是该作家一年的收入，平均每月收入 416 元就要纳税 47 元。这就是说，如果一个一般的职业作家一年只写一本书，那么他可能连饭也吃不饱。以北京工薪阶层为例，月工资 5 000 元，只需纳税 45 元。月收入 416 元的作家与月收入 5 000 多元的工薪阶层缴纳着相近的税额。

中山大学岭南学院财税系主任林江在接受记者采访时表示，稿酬所得不同于工薪收入所得，后者可以通过扩大费用支出（主要是由对方提供一定的劳务服务）来抵消劳务报酬所得，从而少缴纳一部分个人所得税。稿酬所得不能通过类似上述的费用扣除而降低应纳税所得额。

但林江表示，根据《个人所得税法》，稿酬可以采取集体创作作品的方式来节税。即本来由一人完成的作品改为由多人共同合作。

由于很大部分的作家没有固定单位，跟报纸、杂志等出版物没有雇佣关系，因此其稿费所得并不算作工薪收入，属于偶然所得。而以我国当前的税收制度，只有工薪收入才享受3 500元的免征额。

全国政协委员、财政部财政科学研究所所长贾康对《南方日报》记者表示，稿酬收入的免征额过低，可以作动态优化，这只是技术细节问题，国家有关部门应该给予关注和解决。

## 三、稿酬所得的适用税率

稿酬所得适用20%的比例税率，并按应纳税所得额减征30%，实际征收率为14%。

## 四、稿酬所得应纳税额的计算

1. 每次收入在4 000元以下的

应纳税额 =（每次收入额 − 800）×20% ×（1 − 30%）

2. 每次收入在4 000元以上的

应纳税额 = 每次收入额 ×（1 − 20%）×20% ×（1 − 30%）

稿酬所得的个人所得税由支付稿酬所得的单位在支付稿酬时代扣代缴。

**【例7-1】** 作家钱程于2012年2月初在杂志上发表一篇小说，取得稿酬3 800元；自2月15日起又将该小说在晚报上连载10天，每天取得稿酬450元。钱程当月需缴纳多少个人所得税？

**解析：**

杂志发表与晚报连载应视为两次稿酬所得，因此钱程应纳个人所得税 =（3 800 − 800）×20% ×（1 − 30%）+ 450 ×10 ×（1 − 20%）×20% ×（1 − 30%）= 924（元）。

**【例7-2】** 国内某作家的一篇小说在一家日报上连载两个月。第一个月月末报社支付稿酬3 000元；第二个月月末，报社支付稿酬15 000

元。该作家两个月所获稿酬应缴纳多少个人所得税?

**解析:**

同一作品在报刊上连载取得收入的,以连载完成后取得的所有收入合并为一次,计征个人所得税。

第一个月月末出版社在支付稿酬时,应该代扣代缴的个人所得税 =(3 000 - 800)×20% ×(1 - 30%)= 308(元)。

第二个月月末出版社在支付稿酬时,应该代扣代缴的个人所得税 =(3 000 + 15 000)×(1 - 20%)×20% ×(1 - 30%)- 308 = 1 708(元)。

**【例 7-3】** 王欣的一篇论文被编入某论文集出版,取得稿酬 5 000 元,当年因添加印数又取得追加稿酬 2 000 元。上述王欣所获稿酬应缴纳多少个人所得税?

**解析:**

同一作品出版、发表后,因添加印数而追加稿酬的,应与以前出版、发表时取得的稿酬合并计算为一次,计征个人所得税。

王欣第一次取得稿酬时应纳个人所得税 = 5 000 ×(1 - 20%)×20% ×(1 - 30%)= 560(元)

王欣获得追加稿酬时应纳个人所得税 =(5 000 + 2 000)×(1 - 20%)×20% ×(1 - 30%)- 560 = 224(元)

**【对导入案例 7-1 的分析】** 两次稿酬收入合计 = 3 500 + 3 800 = 7 300(元),彭博应纳个人所得税 = 7 300 ×(1 - 20%)×20% ×(1 - 30%)= 817.60(元)。

第一次稿酬收入未超过 4 000 元,费用扣除额为 800 元,第一次稿酬收入应纳个人所得税 =(3 500 - 800)×20% ×(1 - 30%)= 378(元);第二次取得稿酬收入 3 800 元,第二次稿酬收入补缴个人所得税 = 817.60 - 378 = 439.60(元)。

**提问与思考**

取得电影创作的收入应如何计算缴纳个人所得税?

**分析与回答**

根据《国家税务总局关于影视演职人员个人所得税问题的批复》(国税函[1997]385 号),个人创作的影视分镜头剧本,用于拍摄影视片取得的所得，不能按稿酬所得缴纳个人所得税。但作为文学创作而在图书、报刊上出版、发表取得所得，应按"稿酬所得"项目计征个人所得税。个人创作电影文学剧本以图书、报刊形式出版、发表而取得的所得，应按"稿酬所得"项目计缴个人所得税。

**【资料链接 7-2】**

**畅销书持续热卖　奥巴马年入百万①**

美国白宫于2009年4月15日公布了总统贝拉克·奥巴马夫妇2008年的收入和纳税申报记录。依据纳税申报单，奥巴马夫妇2008年应纳税所得大约270万美元，其中两本畅销书销售收入近250万美元，成为两人2008年的主要收入来源。

奥巴马夫妇逾百万美元的收入将副总统约瑟夫·拜登和前总统乔治·W. 布什远远甩在身后。

1. 生财有道

15日是美国报税截止日。奥巴马夫妇的纳税申报单显示，两人2008年应纳税所得共计265.6902万美元，其中包括约20万美元薪金和近5万美元投资收益。他们分别缴纳联邦和伊利诺伊州两级个人所得税85.5323万美元和7.7883万美元。

其中，奥巴马凭借畅销书《奥巴马回忆录：我父亲的梦想》和《无畏的希望》进账247.9648万美元，不仅占他去年全年收入的大头，也使奥巴马在美国非小说类作家收入排行榜上名列前茅。

白宫发言人罗伯特·吉布斯说，总统著述去年的确销量不错，奥巴马也因此缴纳了一大笔联邦所得税。

白宫披露，奥巴马夫妇去年向多家慈善机构总计捐款17.2050万美元，约占他们应纳税所得的6.5%。其中最大一笔款额为2.5万美元，捐赠对象为国际援助合作署和联合黑人学院基金会。另外，夫妇俩去年还为两个女儿支付学费4.7488万美元。

① 资料来源：新华网，转载自 http://news.xinhuanet.com/world/2009-04/18/content_11207925.htm，访问时间2012年8月15日。

《华尔街日报》说，由于奥巴马夫妇去年缴纳了数目可观的预交税，他们将得到一笔2.6万美元的退税。两人已决定将这笔钱用于明年纳税。

2. 遥遥领先

虽然奥巴马夫妇去年进账近270万美元，但与2007年相比，两人收入大幅缩水。

据报道，奥巴马夫妇2007年应纳税所得高达413.9965万美元，其中售书收入390万美元。两人当年还拿出24.0370万美元捐给慈善机构，比2008年多出近7万美元。

尽管如此，奥巴马夫妇2008年收入仍遥遥领先于副总统拜登夫妇和前总统小布什。

英国《金融时报》报道，拜登夫妇去年应纳税所得仅26.9256万美元，小布什为71.9274万美元。

近年来，出书挣稿费、演讲赚出场费以及担任商业顾问已经成为不少在任和卸任领导人的生财之道。据统计，英国前首相托尼·布莱尔卸任两年内收入已超过1 500万英镑（约合2 224.2万美元）；美国前总统比尔·克林顿平均一场演讲的出场费则高达15万美元。

3. 酝酿改革

奥巴马15日在白宫表示，美国现行税收制度对于大多数人而言复杂难懂，他将通过改革重塑这一制度的“公平性”。

奥巴马强调，他上台后施行的政策已使95%的美国人所缴纳的所得税获得不同程度的减免，但“是时候停止减免占全美人口2%的‘最富有人群’的个人所得税了”。

“很长一段时间，我们看着税收成为迫使人们支持相关政策的工具，那些政策并不能帮工薪阶层实现梦想，只会加重他们的负担”，他说，“这必须改变，这是我们已经展开的工作”。

纽约州已于2009年3月底调整相关税收政策，拟向高收入人群每年加征总额40亿美元的个人所得税，以平衡预算赤字。

## 五、稿酬所得的纳税筹划

稿酬所得的纳税筹划方法主要包括系列丛书筹划法、著作组筹划法和费用转移筹划法等。

（一）系列丛书筹划法

税法规定，个人以图书、报刊方式出版、发表同一作品，不论出版单位是预付还是分笔支付稿酬，或者加印该作品再付稿酬，均应合并稿酬所得按一次计征个人所得税。但对于不同的作品却是分开计税的，这就给纳税人的筹划创造了空间。如果一本书可以分成几个部分，以系列丛书的形式出现，则该作品将被认定为几个独立的作品，单独计算纳税，在某些情况下可节省纳税人的应纳税款。

使用这种方法应该注意以下几点：首先，该著作可以被分解成一套系列著作；其次，该种发行方式应保证每本书的人均稿酬小于4 000元。因为该种筹划法利用的是抵扣费用的临界点，即在稿酬所得小于4 000元时，实际抵扣标准大于20%。

**【例7-4】** 王教授准备出版一本关于纳税筹划的著作，预计将获得稿酬所得12 000元。请问王教授应如何进行纳税筹划？

**解析：**

（1）如果以1本书的形式出版该著作，则：

王教授的应纳税额＝12 000×（1－20%）×20%×（1－30%）＝1 344（元）

（2）如果在可能的情况下，以一套4本的形式出版一套系列丛书，则王教授的纳税情况如下：

每本稿酬＝12 000÷4＝3 000（元）

每本稿酬应纳个人所得税税额＝（3 000－800）×20%×（1－30%）＝308（元）

总计应纳税额＝308×4＝1 232（元）

由此可见，在这种情况下，如果王教授采用系列丛书筹划法可以节省税款112元（1 344－1 232）。

（二）著作组筹划法

著作组筹划法的筹划思路是改一本书由一个人写为多个人合作创作。和上一种方法一样，该种筹划方法是利用低于4 000元的稿酬所得可以扣除800元费用的规定，因为该项抵扣的效果大于20%的扣除标准。

但运用这种筹划方法应当注意，由于成立著作组，各人的收入可能会比单独创作时少，虽然少缴了税款，但对于个人来说最终收益减少了。因此，这种筹划方法一般用在著作任务较多，或者成立长期合作的著作组的情形。而且由于长期的合作，节省税款的数额也会积少成多。

**【例 7-5】** 某财经大学专家曾教授准备写一本财政学教材，出版社初步同意该书出版之后支付稿费 24 000 元。

**解析：**

如果曾教授单独编写，则纳税情况为：

应纳税额 = 24 000 × (1 − 20%) × 20% × (1 − 30%) = 2 688（元）

如果曾教授采取著作组筹划法，并假定该著作组共 10 人，除他外，其余 9 人参与教材的写作，每人获得 800 元稿酬，因此这 9 名人员无须缴纳个人所得税，则：

应纳税额 = (24 000 − 800 × 9) × (1 − 20%) × 20% × (1 − 30%) = 1 881.6（元）

第二种方法少纳税 806.4 元（2 688 − 1 881.6）。

（三）费用转移筹划法

费用转移筹划法的筹划思路是让出版社提供尽可能多的设备和服务，这样就将费用转移给了出版社，从而减少作者的应纳税额。由出版社负担的费用可以有以下几种：资料费、稿纸、绘画工具、作图工具、书写工具、其他材料费、交通费、住宿费、试验费、用餐费、实践费等，有些行业甚至可以要求提供办公室以及电脑等办公设备。

**【例 7-6】** 李教授与某出版社签订一份出版合同，由出版社支付李教授 20 万元的稿费，李教授通过考察写出一本以考察结果为依据的专著。该考察费用为 5 万元，费用由李教授负担。

**解析：**

如果考察费用由李教授负担，那么李教授应就其所得的 20 万元稿酬缴纳个人所得税，李教授应缴纳的个人所得税为：

200 000 × (1 − 20%) × 20% × (1 − 30%) = 22 400（元）

李教授在纳税后的实际收益 = 200 000 − 50 000 − 22 400 = 127 600（元）

如果出版社负担李教授的考察费 5 万元，并支付稿费 15 万元，对出版社来讲并没有增加支出，而李教授实际缴纳的个人所得税为：

150 000 ×（1 – 20%）×20% ×（1 – 30%）= 16 800（元）

李教授在纳税后的实际收益 = 150 000 – 16 800 = 133 200（元）

进行纳税筹划后李教授多收入 5 600 元（133 200 – 127 600）。

## 第二节　特许权使用费所得应纳税额的计算与纳税筹划

**【导入案例 7-2】**　科研人员文君发明了一种新技术，该技术获得了国家专利，专利权属个人拥有。如果单纯将其转让，可获转让收入 80 万元；如果将该专利折合股份投资，让其拥有相同价款的股权，当年可获取股息收入 8 万元。

**问题：**

1. 文君如果将专利权转让，应纳多少个人所得税？
2. 分析专利权转让和投资这两种方案的利弊。

### 一、特许权使用费所得的适用范围

特许权使用费所得，是指个人提供专利权、商标权、著作权、非专利技术以及其他特许权的使用权取得的所得。提供著作权的使用权取得的所得，不包括稿酬所得。

（一）特许权涉及的主要权利

1. 专利权

即由国家专利主管机关依法授予专利申请人或其权利继承人在一定期间内应用其发明创造的专有权。对于专利权，许多国家只将提供他人使用取得的所得，列入特许权使用费，而将转让专利权所得列为资本利得税的征税对象。我国没有开征资本利得税，故将个人提供和转让专利权取得的所得，都列入“特许权使用费所得”征收个人所得税。

2. 商标权

即商标注册人享有的商标专用权。

3．著作权

即版权，是作者依法对文学、艺术和科学作品享有的各种权利，主要包括发表权、署名权、修改权、保护作品完善权、使用权和获得报酬权等。

4．非专利技术

是指未申请专利权的处于秘密状态的先进技术或各种诀窍。

（二）特许权使用费所得的特殊项目

1．拍卖文稿所得

个人将自己的文字作品手稿原件或复印件公开拍卖（竞价）取得的所得，应按“特许权使用费所得”计算缴纳个人所得税。个人拍卖除文字作品原稿及复印件外的其他财产，应以其转让收入额减除财产原值和合理费用后的余额为应纳税所得额，按照“财产转让所得”项目适用20%的税率缴纳个人所得税。

2．个人取得的专利赔偿所得

因专利权被使用而取得的经济赔偿收入，应按“特许权使用费所得”应税项目缴纳个人所得税，税款由支付赔款的单位代扣代缴。

3．影视演职人员相关所得

电影制片厂买断已出版的作品或向作者征稿而支付给作者的报酬，属于提供著作权的使用权而取得的所得，应按“特许权使用费所得”应税项目计征个人所得税；如电影文学剧本以图书、报刊形式出版、发表而取得的所得，应按“稿酬所得”应税项目计征个人所得税。

对于剧本作者从电影、电视剧的制作单位取得的剧本使用费，不再区分剧本的使用方是否为其任职单位，统一按“特许权使用费所得”项目计征个人所得税。

---

**提问与思考**

著作权转让按“特许权使用费”缴税还是按“财产转让所得”缴税？

**分析与回答**

转让著作权归入“特许权使用费”项目征收个人所得税。《个人所得税法实施条例》第八条第（六）款规定，“特许权使用费所得，是指个人提供专利权、商标权、著作权、非专利技术以及其他特许权的使用权取得的所得”。同时条例还明确规定，“提供著作权的使用权取得的所得，不包括稿酬所得”。

另外，根据《财政部、国家税务总局关于对若干项目免征营业税的通知》（财税字［1994］002号）的规定，“个人转让著作权，免缴营业税”。

---

## 二、特许权使用费所得的应纳税所得额

### （一）所得次数的确定

特许权使用费所得，以某项使用权的一次转让所取得的收入为一次。一个纳税义务人，可能不只拥有一项特许权利，每一项特许权的使用权也可能不止一次地向他人提供。因此，对特许权使用费所得的“次”的界定，明确为每一项使用权每次转让所取得的收入为一次。如果该次转让取得的收入是分笔支付的，则应将各笔收入相加为一次的收入，计征个人所得税。

### （二）费用扣除标准

特许权使用费所得与稿酬所得一样实行定额和定率相结合的扣除方式，即：

1. 每次收入不足4 000元的，应纳税所得额按每次收入额减去800元计算；

2. 每次收入在4 000元以上的，应纳税所得额按每次收入扣除20%后的余额计算。

## 三、特许权使用费所得应纳税额的计算

### （一）特许权使用费所得的适用税率

特许权使用费所得适用的税率为20%。

### （二）特许权使用费所得应纳税额的计算

特许权使用费所得应纳税额的计算公式为：

1. 每次收入不足4 000元的

$$应纳税额=(每次收入额-800)\times 20\%。$$

2. 每次收入在4 000元以上的

应纳税额=每次收入额×(1-20%)×20%。

【例7-7】 李冉将某项专利权转让给广州永华技术公司，收取专利使用费20 000元，计算李冉应缴纳的个人所得税。

**解析：**

李冉的此笔所得属于"特许权使用费所得"，一次收入超过4 000元，应纳税所得额按本次收入扣除20%后的余额计算。

应纳税额=20 000×(1-20%)×20%=3 200（元）

## 四、特许权使用费所得的纳税筹划

特许权使用费的纳税筹划，在于特许权的拥有者是考虑将特许权转让以取得特许权使用费所得，还是将特许权用作投资以获得更大的回报。对于从事高科技研究、发明创造等的人来讲，意义非常重大。

**【对导入案例7-2的分析】** 我国没有开征资本利得税，故将个人提供和转让专利权取得的所得，都列入"特许权使用费所得"征收个人所得税。

方案一：如果文君以80万元的价格将其专利转让，文君应先就其转让收入缴纳营业税、城建税和教育费附加。假设其税率分别为5%、7%和3%，则：

应纳营业税、城建税和教育费附加=800 000×5%×(1+7%+3%)=44 000（元）

应纳个人所得税=(800 000-44 000)×(1-20%)×20%=120 960（元）

文君纳税后的实际所得=800 000-120 960=679 040（元）

方案二：将专利折合成股份，拥有股权。

由于科研人员将专利折合成股份投资，且拥有公司股权，该股权所实现的收益是不确定的，存在风险，属于无形资产投资入股，免征营业税。但拥有股权所取得的股息、红利，应按20%的比例税率缴纳个人所得税。

应纳个人所得税=80 000×20%=16 000（元）

税后所得=80 000-16 000=64 000（元）

通过专利投资，当年仅需负担16 000元的税款。如果每年都可以获取股息、红利净收入64 000元，则收回679 040元仅需要10.61年（679 040÷64 000），假设企业长期存续下去，按5%的机会成本率计算，相当于一次性收益为1 280 000元（64 000÷5%），远远高出将专利单纯转让的价值。

两种方案利弊很明显。方案一，没有什么风险，纳税之后，就可以实实在在地拥有个人所得。但它是一次性收入，税负重，而且收入是固定的，没有升值的空间。

方案二，虽然纳税少，价值高，但风险也大，收益是不确定的。如果希望这项专利能在相当长的时间内带来收益，或者该科研人员想换一个工作环境，以追求个人价值最大化，还是选择投资经营为好。

## 第三节　偶然所得和其他所得应纳税额的计算与纳税筹划

**【导入案例7-3】**　甲、乙两人因购买体育彩票分别中奖11 000元和10 000元。

**问题：**

1. 计算甲、乙两人应纳的所得税税额。
2. 请分析奖金设计中存在的问题。

### 一、偶然所得和其他所得的适用范围

#### （一）偶然所得的适用范围

偶然所得，是指个人得奖、中奖、中彩以及其他偶然性质的所得。得奖是指参加各种有奖竞赛活动，取得名次得到的奖金；中奖、中彩是指参加各种有奖活动，如有奖销售、有奖储蓄或者购买彩票，经过规定程序，抽中、摇中号码而取得的奖金。偶然所得应缴纳的个人所得税，一律由发奖单位或机构代扣代缴。

在确定一项所得是否按照“偶然所得”规定缴纳个人所得税时，需要注意以下问题：

1. 资产购买方企业向个人支付的不竞争款项

资产购买方企业向个人支付的不竞争款项，属于个人因偶然因素取得的一次性所得。为此，资产出售方企业自然人股东取得的所得，应按照“偶然所得”项目计算缴纳个人所得税，税款由资产购买方企业在向资产出售方企业自然人股东支付不竞争款项时代扣代缴。

2. 个人取得单张有奖发票奖金所得

个人取得单张有奖发票奖金所得不超过800元（含800元）的，暂免征收个人所得税；超过800元的，应全额按照“偶然所得”项目征收个人所得税。税务机关或其指定的有奖发票兑奖机构，是有奖发票奖金所得个人所得税的扣缴义务人。

3. 个人取得体育彩票中奖所得

为了动员全社会力量资助和发展我国的体育事业，我国规定对个人购买体育彩票一次中奖收入不超过1万元的，暂免征收个人所得税；超过1万元的，应按税法规定全额征收个人所得税。

4. 个人取得社会福利有奖募捐奖券中奖所得

对个人购买社会福利有奖募捐奖券一次中奖收入不超过10 000元的，暂免征收个人所得税；超过10 000元的，应按税法规定全额征税。

5. 个人因参加企业的有奖销售活动而取得的赠品

个人因参加企业的有奖销售活动而取得的赠品所得，应按“偶然所得”项目计征个人所得税。赠品所得为实物的，应以《个人所得税法实施条例》第十条规定的方法确定应纳税所得额，计算缴纳个人所得税。税款由举办有奖销售活动的企业（单位）负责代扣代缴。

6. 有奖储蓄中奖所得

个人参加有奖储蓄取得的各种形式的中奖所得，属于机遇性的所得，应按照《个人所得税法》中“偶然所得”应税项目的规定征收个人所得税。虽然这种中奖所得具有银行储蓄利息二次分配的特点，但对中奖个人而言，已不属于按照国家规定利率标准取得的存款利息所得。支付该项所得的各级银行部门是税法规定的代扣代缴义务人，在其向个人支付有奖储蓄中奖所得时应按照“偶然所得”应税项目扣缴个人所得税税款。

7. 个人在境外取得博彩所得

中国公民在境外取得博彩所得，应按“偶然所得”应税项目计征个人所得税。

（二）其他所得的适用范围

除前面所述的十项个人所得外，其他确有必要征税的个人所得，由国务院财政部门确定。目前，我国财政部门明确规定应按“其他所得”征收个人所得税的项目有：

1. 银行部门超过国家规定利率支付给储户的揽储奖金

对银行部门以超过国家规定利率和保值贴补率支付给储户的揽储奖金，应按“经国务院财政部门确定征税的其他所得”应税项目征收个人所得税，税率为20%。

2. 中科院院士荣誉奖金

香港实业家蔡冠深先生捐资500万元人民币建立“蔡冠深中国科学院院士荣誉基金会”，并用基金的利息颁发“中国科学院院士荣誉奖金”（80岁至89岁的院士每人每年6 000元，90岁以上的院士每人每年12 000元）。但由于这种奖金不属于个人所得税法定免税奖金的范围，加之国家对中国科学院院士津贴已有免征个人所得税的优惠规定，所以对中国科学院院士荣誉奖金，应按《个人所得税法》规定“其他所得”应税项目，依20%的比例税率计征个人所得税，税款由该基金会在颁发奖金时代扣代缴。

3. 保险公司支付给未出险的人寿保险保户的利息

对于保险公司按投保金额，以银行同期储蓄存款利率支付给在保期内未出险的人寿保险保户的利息（或以其他名义支付的类似收入），按“其他所得”应税项目征收个人所得税，税款由支付利息的保险公司代扣代缴。

4. 个人取得的无赔款优待收入

对于个人因任职单位缴纳有关保险费用而取得的无赔款优待收入，按照“其他所得”应税项目计征个人所得税。

对于个人自己缴纳有关商业保险费（保费全部返还个人的保险除外）而取得的无赔款优待收入，不作为个人的应纳税收入，不征收个人所得税。

5. 股民从证券公司取得的回扣收入或交易手续费返还收入

对于股民个人从证券公司取得的回扣收入或交易手续费返还收入，应按照《个人所得税法》第二条第十一项“经国务院财政部门确定征税的其他所得”项目征收个人所得税，税款由证券公司在向股民支付回扣收入或交易手续费返还收入时代扣代缴。

6. 企业赠送的礼品

（1）企业在业务宣传、广告活动中，随机向本单位以外的个人赠送礼品，对个人取得的礼品所得，按照“其他所得”项目征收个人所得税。税款由赠送礼品的企业代扣代缴。

（2）企业在年会、座谈会、庆典以及其他活动中向本单位以外的个人赠送礼品，对个人取得的礼品所得，按照“其他所得”项目，全额适用20%的税率缴纳个人所得税。税款由赠送礼品的企业代扣代缴。

7. 提供担保所得

个人为单位或他人提供担保获得的报酬，应按照《个人所得税法》规定的“其他所得”项目缴纳个人所得税，税款由支付所得的单位或个人代扣代缴。

8. 解除商品房买卖合同取得的违约金收入

商品房买卖过程中，有的房地产公司因未协调好与按揭银行的合作关系，造成购房人不能按合同约定办妥按揭贷款手续，从而无法缴纳后续房屋价款，致使房屋买卖合同难以继续履行，房地产公司因双方协商解除商品房买卖合同而向购房人支付违约金。根据《个人所得税法》的有关规定，购房个人因上述原因从房地产公司取得的违约金收入，应按照“其他所得”应税项目缴纳个人所得税，税款由支付违约金的房地产公司代扣代缴。

9. 个人无偿受赠房屋

房屋产权所有人将房屋产权无偿赠与他人的，受赠人因无偿受赠房屋取得的受赠所得，按照经国务院财政部门确定征税的“其他所得”项目缴纳个人所得税。

以下情形的房屋产权无偿赠与，对当事双方不征收个人所得税：

（1）房屋产权所有人将房屋产权无偿赠与配偶、父母、子女、祖父母、外祖父母、孙子女、外孙子女、兄弟姐妹；

（2）房屋产权所有人将房屋产权无偿赠与对其承担直接抚养或者赡养义务的抚养人或者赡养人；

（3）房屋产权所有人死亡，依法取得房屋产权的法定继承人、遗嘱继承人或者受遗赠人。

**提问与思考**

个人在购买商品房时，开发商附送的空调等家用电器，是否需要缴纳个人所得税？

**分析与回答**

根据财税［2011］50号《关于企业促销展业赠送礼品有关个人所得税问题的通知》的规定，企业在销售商品（产品）和提供服务过程中向个人赠送礼品，属于下列情形之一的，不征收个人所得税：

1．企业通过价格折扣、折让方式向个人销售商品（产品）和提供服务；

2．企业在向个人销售商品（产品）和提供服务的同时给予赠品，如通信企业对个人购手机赠话费、入网费，或者购话费赠手机等；

3．企业对累积消费达到一定额度的个人按消费积分反馈礼品，如超市的会员卡积分换礼品、电讯企业话费积分换礼品等。

根据上述规定，个人在购买商品房时获赠的空调等家用电器属于企业在向个人销售商品（产品）和提供服务的同时给予赠品，无须缴纳个人所得税。

### 二、偶然所得和其他所得应纳税额的计算

（一）税率

偶然所得和其他所得适用的税率为20%。

（二）应纳税额的计算

偶然所得和其他所得按次纳税，以收入全额为应纳税所得额，不得扣除任何费用。应纳税额计算公式为：

应纳税额＝应纳税所得额×适用税率

＝每次收入额×20%

**【例7-8】** 陈某在参加商场的有奖销售过程中，中奖所得共计价值20 000元。陈某领奖时告知商场，从中奖收入中拿出4 000元通过教育部门向某希望小学捐赠。请按照规定计算商场代扣代缴个人所得税后，陈某实际可得的中奖金额。

**解析：**

（1）因为陈某的公益性捐赠额未超过应纳税所得额的30%，所以可以全部从应纳税所得额中扣除。

（2）应纳税所得额=偶然所得-捐赠额=20 000-4 000=16 000（元）

（3）商场代扣代缴的个人所得税=应纳税所得额×适用税率=16 000×20%=3 200（元）

（4）陈某实际可得金额=20 000-4 000-3 200=12 800（元）

## 三、偶然所得和其他所得的纳税筹划

偶然所得可以根据"临界点"税负差异原理，对特殊项目的偶然所得进行纳税筹划。国税发［1994］127号文件规定，对个人购买社会福利有奖募捐奖券一次中奖收入不超过1万元的，暂免征收个人所得税；超过1万元的，应按税法规定全额征税。对个人购买体育彩票，税法也有同样的税收政策。财税字［1998］12号文件规定，对个人购买体育彩票一次中奖收入不超过1万元的，暂免征收个人所得税；超过1万元的，应按税法规定全额征收个人所得税。

**【对导入案例7-3的分析】**　购买体育彩票中奖属于偶然所得，甲和乙中奖的应纳税额及税后收入如表7-1所示：

**表7-1　甲和乙中奖的应纳税额及税后收入**

单位：元

| 姓名 | 中奖额 | 税率 | 应纳税额 | 税后收入 |
|---|---|---|---|---|
| 甲 | 11 000 | 20% | 2 200 | 8 800 |
| 乙 | 10 000 | 0 | 0 | 10 000 |
| 两者的差额 | 1 000 | — | 2 200 | -1 200 |

从表7-1可以看出，甲比乙中奖额多1 000元，税后收入却比乙少1 200元。原因就是中奖收入不超过1万元的，暂免征收个人所得税；超过1万元的，应按税法规定全额征收个人所得税。那么奖金超出1万元多少，获奖者才不会感到"吃亏"呢？设这个值为$x$元，建立方程如下：

$$(10\,000+x)\times(1-20\%)\geqslant 10\,000$$

解得：$x\geqslant 2\,500$（元）

因此，发行体育彩票和社会福利有奖募捐的单位在设计奖金额度时，应当考虑税收政策的规定，要么低于1万元，要么超过1.25万元。

本案例对甲而言，采用对外捐赠1 000元的方法也能达到增加收益的目的。

其他所得的纳税筹划，因为税率是一定的，所以可以利用捐赠扣除一部分金额，减少纳税基数，只有这样才能减少应纳税所得额。

## 第四节　其他所得项目个人所得税的纳税申报

由于本章所涉及的“其他所得”项目应缴纳的个人所得税都属于由支付单位代扣代缴，所以应由扣缴单位填写《扣缴个人所得税报告表》，并在规定时间内进行申报。

**【例7-9】**　广州永华技术公司是一家软件开发公司。2012年12月份支付如下费用：

（1）支付王芳工资7 600元，全年一次性奖金20 000元，公司代扣的“三险一金”为1 560元；

（2）支付李湘工资8 200元，全年一次性奖金24 000元，缴付的“三险一金”为1 680元；

（3）支付胡俊工资15 800元，全年一次性奖金80 000元，缴付的“三险一金”为1 840元。

（4）支付孙森稿费1 500元；

（5）因受让李冉某项专利权支付专利使用费20 000元；

（6）公司开展有奖答题活动，孙丽获得一等奖，奖品为电饭锅一个，发票价格300元。

请根据上述信息，为广州永华技术公司填写《扣缴个人所得税报告表》见表7-2。

**表 7-2　扣缴个人所得税报告表**

扣缴义务人编码：　　　　　　　　　　　　　　　　填表日期：2012 年 1 月 5 日

扣缴义务人名称（公章）：广州永华技术公司　　　　　　金额单位：元（列至角分）

| 序号 | 纳税人姓名 | 身份证照类型 | 身份证照号码 | 国籍 | 所得项目 | 所得期间 | 收入额 | 免税收入额 | 允许扣除的税费 | 费用扣除标准 | 准予扣除的捐赠额 | 应纳税所得额 | 税率% | 速算扣除数 | 应扣税额 | 已扣税额 | 备注 |
|---|---|---|---|---|---|---|---|---|---|---|---|---|---|---|---|---|---|
| 1 | 2 | 3 | 4 | 5 | 6 | 7 | 8 | 9 | 10 | 11 | 12 | 13 | 14 | 15 | 16 | 17 | 18 |
| 合　计 | | | | | | | 17 740 000.00 | 5 080.00 | 0.00 | — | — | — | — | — | 24 949.00 | 24 949.00 | |
| 1 | 王芳 | 居民身份证 | ×× | 中国 | 工资、薪金所得 | 2012-12 | 7 600.00 | 1 560.00 | 0.00 | 3 500.00 | 0.00 | 2 540.00 | 10% | 105.00 | 149.00 | 149.00 | |
| | | | | | 一次性奖金 | 2012-12 | 20 000.00 | 0.00 | 0.00 | 0.00 | 0.00 | 20 000.00 | 10% | 105.00 | 1 895.00 | 1 895.00 | |
| 2 | 李湘 | 居民身份证 | ×× | 中国 | 工资、薪金所得 | 2012-12 | 8 200.00 | 1 680.00 | 0.00 | 3 500.00 | 0.00 | 3 020.00 | 10% | 105.00 | 197.00 | 197.00 | |
| | | | | | 一次性奖金 | 2012-12 | 24 000.00 | 0.00 | 0.00 | 0.00 | 0.00 | 24 000.00 | 10% | 105.00 | 2 295.00 | 2 295.00 | |
| 3 | 胡俊 | 居民身份证 | ×× | 中国 | 工资、薪金所得 | 2012-12 | 15 800.00 | 1 840.00 | 0.00 | 3 500.00 | 0.00 | 10 460.00 | 25% | 1 005.00 | 1 610.00 | 1 610.00 | |
| | | | | | 全年一次性奖金 | 2012-12 | 80 000.00 | 0.00 | 0.00 | 0.00 | 0.00 | 80 000.00 | 20% | 555.00 | 15 445.00 | 15 445.00 | |
| 4 | 孙森 | 居民身份证 | ×× | 中国 | 稿酬所得 | 2012-12 | 1 500.00 | 0.00 | 0.00 | 800.00 | 0.00 | 700.00 | 14% | 0.00 | 98.00 | 98.00 | 非雇员 |
| 5 | 李冉 | 居民身份证 | ×× | 中国 | 特许权使用费所得 | 2012-12 | 20 000.00 | 0.00 | 0.00 | 4 000.00 | 0.00 | 16 000.00 | 20% | 0.00 | 3 200.00 | 3 200.00 | 非雇员 |
| 6 | 孙丽 | 居民身份证 | ×× | 中国 | 偶然所得 | 2012-12 | 300.00 | 0.00 | 0.00 | 0.00 | 0.00 | 300.00 | 20% | 0.00 | 60.00 | 60.00 | 非雇员 |
| 扣缴义务人声明 | 我声明：此扣缴报告表是根据国家税收法律、法规的规定填报的，我确定它是真实的、可靠的、完整的。<br>声明人签字： | | | | | | | | | | | | | | | | |
| 会计主管签字：　　负责人签字：　　扣缴单位（或法定代表人）（签章）： | | | | | | | | | | | | | | | | | |
| 受理人（签章）：　　受理日期：　年　月　日　　受理税务机关（章）： | | | | | | | | | | | | | | | | | |

国家税务总局监制

本表一式两份，一份扣缴义务人留存，一份报主管税务机关。

**解析：**

广州永华技术公司应扣缴孙森、李冉和孙丽“其他所得”项目个人所得税，并填写《扣缴个人所得税报告表》(见表7-2)，填写说明如下：

因为广州永华技术公司12月已经扣缴了员工工资与奖金的个人所得税，所以此表是在第二章表2-6的基础上增加填写项目。

1. 第1栏“序号”填写4、5、6。

2. 第2栏“纳税人姓名”依次填写“孙森、李冉、孙丽”。

3. 第3栏“身份证照类型”依次填写“居民身份证”。

4. 第4栏“身份证照号码”依次填写每位纳税人的身份证号。

5. 第5栏“国籍”填写中国。

6. 第6栏“所得项目”依次填写稿酬所得、特许权使用费所得、偶然所得。

7. 第7栏“所得期间”填写2012－12。

8. 第8栏“收入额”依次填写1 500元、20 000元、300元。

9. 第9栏“免税收入额”为0。

10. 第10栏“允许扣除的税费”均为0（此处忽略特许权使用费所得应缴纳的营业税、城建税和教育费附加）。

11. 第11栏“费用扣除标准”，因为纳税人孙森的收入在4 000元以下，所以费用扣除标准为800元，李冉的收入超过4 000元，费用扣除标准等于20 000×20% =4 000元，孙丽的偶然所得没有费用扣除。

12. 第12栏“准予扣除的捐赠额”为0。

13. 第13栏“应纳税所得额”，孙森和李冉的应纳税所得额分别为700元和16 000元，孙丽的应纳税所得额为获奖收入额300元。

14. 第14栏“税率”，稿酬所得为14%，特许权使用费所得和偶然所得为20%。

15. 第15栏“速算扣除数”均为0。

16. 第16栏“应扣税额”为应纳税额，即应纳税所得额×税率。另外，还需要填写应纳税额的合计数，即将纳税人的应纳税额合计，故应填24 949元。

17. 第17栏“已扣税额”填写单位已经代扣的应纳税额。广州永华技术公司已经代扣了全部员工的税额，所以第17栏与第16栏数据相同。

18. 第18栏“备注”填写是否为本单位雇员。若不是，就填非雇员。本单位雇员不填。

## 【本章小结】

1. 本章所涉及的“其他所得”项目，是指除了前面几章讲述的纳税项目之外的纳税项目，包括稿酬所得、特许权使用费所得、偶然所得和其他所得等。

2. 稿酬所得，以每次出版、发表取得的收入为一次。稿酬所得实行定额和定率相结合的扣除方式，即：每次收入不足4 000元的，应纳税所得额按每次收入额减去800元计算；每次收入在4 000元以上的，应纳税所得额按每次收入扣除20%后的余额计算。稿酬所得的实际征收率为14%。

3. 稿酬所得每次收入在4 000元以下的，应纳税额=(每次收入额-800)×20%×(1-30%)；每次收入在4 000元以上的，应纳税额=每次收入额×(1-20%)×20%×(1-30%)。

4. 稿酬所得的纳税筹划方法一般包括系列丛书筹划法、著作组筹划法、费用转移筹划法，三种方法各适用于不同的情形。

5. 特许权使用费所得包括提供专利权、商标权、著作权、非专利技术以及其他特许权的使用权取得的所得。个人提供和转让专利权取得的所得，都列入“特许权使用费所得”征收个人所得税。

6. 特许权使用费所得，以某项使用权的一次转让所取得的收入为一次。特许权使用费所得费用扣除标准与稿酬所得一样，税率为20%。特许权使用费所得应纳税额的计算公式为：每次收入不超过4 000元的，应纳税额=(每次收入额-800)×20%；每次收入在4 000元以上的，应纳税额=每次收入额×(1-20%)×20%。

7. 特许权使用费的纳税筹划，在于特许权的拥有者是考虑将特许权转让以取得特许权使用费所得，还是将特许权用来投资以获得更大的回报。

8. 偶然所得和其他所得项目较多，计算应纳税额时，没有费用扣除，以其全部收入为应纳税所得额，税率为20%。偶然所得和其他所得可以利用捐赠扣除一部分金额，减少纳税基数，减少应纳税所得额。另外对于偶然所得，发奖单位在设计奖金额度时，注意根据“临界点”税负差异原理进行设计。

9. “其他所得”项目应纳的个人所得税都属于由支付单位代扣代缴，所以应由扣缴单位填写《扣缴个人所得税报告表》，并在规定时间内进行申报。

## 【操作练习】

1. 2012年我国某作家出版一部长篇小说，2月份收到预付稿酬20 000元，4月份小说正式出版又取得稿酬20 000元；10月份将小说手稿在境外某国公开拍卖，取得收入100 000元，并按该国有关规定缴纳了个人所得税10 000元。要求：计算该作家上述所得在中国境内应缴纳的个人所得税税额。

2. 某人购买社会福利有奖募捐奖券，中奖11 000元，按规定应缴个人所得税2 200元，请对此中奖所得进行纳税筹划。

# 第八章

# 个人所得税征收管理

**【导入案例 8-1】** 中国居民杜民 2012 年全年取得以下各项收入：

(1) 工资收入 144 000 元（每月工资 8 000 元，年终奖金 48 000 元），个人每月缴付“三险一金”1 300 元，全年 15 600 元。单位按规定为其缴付 28 000 元的“三险一金”。单位各月已经代扣代缴其个人所得税 2 580 元，全年一次性奖金尚未扣缴个人所得税。

(2) 国务院颁发的政府特殊津贴 2 400 元。

(3) 取得国债利息 10 000 元，企业债券利息 5 000 元，企业没有代扣代缴个人所得税。

(4) 取得稿酬所得 6 000 元，出版社代扣代缴个人所得税 672 元。

(5) 获得保险赔款 3 500 元。

(6) 出租一套自有住房，每月租金 3 500 元，按国家规定缴纳的其他税费 200 元，未缴纳个人所得税。

(7) 持有某上市公司的股票，获得上市公司分红 3 000 元，扣缴个人所得税 300 元。

(8) 转让某上市公司的股票，获利 50 000 元。

(9) 在商场购物中奖，获得奖金 5 000 元。商场代扣代缴个人所得税 1 000 元。

**问题：**

1. 杜民应如何缴纳个人所得税？

2. 杜民上述项目所得是否达到年所得12万元以上？计算依据是什么？

3. 如果杜民达到年所得12万元以上，应如何自行纳税申报？

个人所得税征收管理包括个人所得税纳税申报、核定征收制度以及税务机关对个人所得税的管理等内容。本章重点介绍个人所得税纳税方法、年所得12万元以上的纳税申报和境外所得的征收管理问题。

## 第一节　个人所得税纳税方法

个人所得税的纳税方法，有自行申报纳税和代扣代缴两种。

### 一、自行申报纳税

自行申报纳税，是由纳税人自行在税法规定的纳税期限内，向税务机关申报取得的应税所得项目和数额，如实填写个人所得税纳税申报表，并按照税法规定计算应纳税额，据此缴纳个人所得税的一种方法。

#### （一）自行申报纳税的纳税义务人

1. 自2006年1月1日起，年所得12万元以上的。
2. 从中国境内两处或者两处以上取得工资、薪金所得的。
3. 从中国境外取得所得的。
4. 取得应税所得，没有扣缴义务人的。
5. 国务院规定的其他情形。

其中，年所得12万元以上的纳税人，无论取得的各项所得是否已足额缴纳了个人所得税，均应于纳税年度终了后向主管税务机关办理纳税申报；其他情形的纳税人，均应当按照自行申报纳税管理办法的规定，于取得所得后向主管税务机关办理纳税申报。同时需要注意的是，年所得12万元以上的纳税人，不包括在中国境内无住所，且在一个纳税年度中在中国境内居住不满1年的个人；从中国境外取得所得的纳税人，是指在中国境内有住所，或者无住所而在一个纳税年度中在中国境内居住满1年的个人。

（二）自行申报纳税的法律责任

根据《税收征收管理法》，自行申报的纳税人负有下列法律责任：

1. 纳税人未在规定期限内（即年度终了后3个月内）办理纳税申报和报送纳税资料的，由税务机关责令限期改正，可以处2 000元以下的罚款；情节严重的，可以处2 000元以上1万元以下的罚款。

2. 纳税人不进行纳税申报，造成不缴或者少缴税款的，由税务机关追缴其不缴或者少缴的税款、滞纳金，并处不缴或者少缴的税款百分之五十以上五倍以下的罚款。

3. 纳税人采取伪造、变造、隐匿、擅自销毁账簿、记账凭证，或者在账簿上多列支出或者不列、少列收入，或者经税务机关通知申报而拒不申报或者进行虚假的申报，不缴或者少缴应纳税款的，是偷税，由税务机关追缴其不缴或者少缴的税款、滞纳金，并对其处不缴或者少缴的税款百分之五十以上五倍以下的罚款。

4. 纳税人编造虚假计税依据的，由税务机关责令限期改正，并处5万元以下的罚款。

（三）自行申报纳税的申报期限

1. 年所得12万元以上的纳税人，在纳税年度终了后3个月内向主管税务机关办理纳税申报。

2. 个体工商户和个人独资、合伙企业投资者取得的生产、经营所得应纳的税款，分月预缴的，纳税人在每月终了后15日内办理纳税申报；分季预缴的，纳税人在每个季度终了后15日内办理纳税申报；纳税年度终了后，纳税人在3个月内进行汇算清缴。

3. 纳税人年终一次性取得对企事业单位的承包经营、承租经营所得的，自取得所得之日起30日内办理纳税申报；在1个纳税年度内分次取得承包经营、承租经营所得的，在每次取得所得后的次月15日内申报预缴；纳税年度终了后3个月内汇算清缴。

4. 从中国境外取得所得的纳税人，在纳税年度终了后30日内向中国境内主管税务机关办理纳税申报。

5. 除以上规定的情形外，纳税人取得其他各项所得须申报纳税的，在取得所得的次月15日内向主管税务机关办理纳税申报。

6. 纳税人不能按照规定的期限办理纳税申报，需要延期的，按照《税收征管法》第二十七条和《税收征管法实施细则》第三十七条的规定办理。

（四）自行申报纳税的申报方式

纳税人可以采取数据电文、邮寄等方式申报，也可以直接到主管税务机关申报，或者采取符合主管税务机关规定的其他方式申报。

纳税人采取邮寄方式申报的，以邮政部门挂号信函收据作为申报凭据，以寄出的邮戳日期为实际申报日期。

纳税人也可以委托有税务代理资质的机构或者他人代为办理纳税申报。

（五）自行申报纳税的申报地点

1．在中国境内有任职、受雇单位的，向任职、受雇单位所在地主管税务机关申报。

2．在中国境内有两处或者两处以上任职、受雇单位的，选择并固定向其中一处单位所在地主管税务机关申报。

3．在中国境内无任职、受雇单位，年所得项目中有个体工商户的生产、经营所得或者对企事业单位的承包经营、承租经营所得（以下统称生产、经营所得）的，向其中一处实际经营所在地主管税务机关申报。

4．在中国境内无任职、受雇单位，年所得项目中无生产、经营所得的，向户籍所在地主管税务机关申报。在中国境内有户籍，但户籍所在地与中国境内经常居住地不一致的，选择并固定向其中一地主管税务机关申报。在中国境内没有户籍的，向中国境内经常居住地主管税务机关申报。

5．其他所得的纳税人，纳税申报地点分别为：

（1）从两处或者两处以上取得工资、薪金所得的，选择并固定向其中一处单位所在地主管税务机关申报。

（2）从中国境外取得所得的，向中国境内户籍所在地主管税务机关申报。在中国境内有户籍，但户籍所在地与中国境内经常居住地不一致的，选择并固定向其中一地主管税务机关申报。在中国境内没有户籍的，向中国境内经常居住地主管税务机关申报。

（3）个体工商户向实际经营所在地主管税务机关申报。

（4）个人独资、合伙企业投资者兴办两个或两个以上企业的，区分不同情形确定纳税申报地点。

兴办的企业全部是个人独资性质的，分别向各企业的实际经营管理所在地主管税务机关申报；兴办的企业中含有合伙性质的，向经常居住地主管税务机关申报；兴办的企业中含有合伙性质，个人投资者经常居住地与其兴办企业的经营管理所在地不一致的，选择并固定向其参与兴办的某一合伙企业的经营管理所在地主管税务机关申报；除以上情形外，纳税人应当向取得所得所在地主管税务机关申报。

纳税人不得随意变更纳税申报地点，因特殊情况变更纳税申报地点的，须报原主管税务机关备案。

（六）自行申报纳税的申报管理

1．主管税务机关应当将各类申报表，登载到税务机关的网站上，或者摆放到税务机关受理纳税申报的办税服务厅，免费供纳税人随时下载或取用。

2．主管税务机关应当在每年法定申报期间，通过适当方式，提醒年所得12万元以上的纳税人办理自行纳税申报。

3．受理纳税申报的主管税务机关根据纳税人的申报情况，按照规定办理税款的征、补、退、抵手续。

4．主管税务机关按照规定为已经办理纳税申报并缴纳税款的纳税人开具完税凭证。

5．税务机关依法为纳税人的纳税申报信息保密。

6．纳税人变更纳税申报地点，并报原主管税务机关备案的，原主管税务机关应当及时将纳税人变更纳税申报地点的信息传递给新的主管税务机关。

7．主管税务机关对已办理纳税申报的纳税人建立纳税档案，实施动态管理。

**【资料链接8-1】**

**多纳税是否应该有奖励？**①

从2005年起，市民都可以在年终时得到一张税单，知道自己一年的纳税情况。但是，这样一张税单似乎没带给老百姓更多的信息，也没给老百姓带来实际的好处，比如荣誉感等。您觉得，我们国家对于多纳税的公民是否应有一些鼓励措施，比如，可终生免税、购房减息等。

① 资料来源：《信息时报》，转载自 http：//news. sohu. com/20061219/n247120457. shtml，访问时间2012年9月8日。

广东省地税局税政二处处长罗达佳表示，从2005年起，广东地税机关率先在全省全面开具个人完税证明。个人完税证明既是公民合法收入的证明书，也是个人纳税信誉的证明书（如个人在银行贷款，可以提供个税证明来证明个人的财务状况）。

对于多纳税的公民是否应给予一些鼓励措施，在一些发达国家是有类似措施的。在我国，目前还没有这方面的措施出台。而且这些鼓励措施多涉及其他领域，远非税收政策本身可以解决。

不过，虽然没有物质奖励，但我们还是有一些精神鼓励。比如我们会经常开会表彰一些个人所得税的纳税大户。另外，广州建有纳税信用等级制，分为A类、B类等多个等级，如果被列入A类等级，就可列为诚信市民，税务部门对其税收的监管就会少些，甚至可以不监管，而信用等级低的，就会天天受到监控。

中国税务学会理事、广东省企业家协会专家工作委员会副理事长、广东省财税法学研究会副会长、中山大学岭南学院教授杨卫华说：在我国不管你交的税多还是少，你享受的待遇都是一样的，没有任何优惠措施，这其实并不利于提高大家交税的积极性。在国外，比如加拿大，个人如果交的税多的话，他在退休的时候，退休金就相对多一些，这就是一种鼓励措施。我个人认为，公民纳税多，其应得到的福利只能在个人享受中得以体现，至于在公共服务中却很难体现出来。

## 二、代扣代缴纳税

代扣代缴，是指按照税法规定负有扣缴税款义务的单位或者个人，在向个人支付应纳税所得时，应计算应纳税额，从其所得中扣除并缴入国库，同时向税务机关报送《扣缴个人所得税报告表》。这种方法有利于控制税源、防止漏税和逃税。

根据《个人所得税法》及其实施条例以及《征管法》及其实施细则的有关规定，国家税务总局制定下发了《个人所得税代扣代缴暂行办法》（以下简称《暂行办法》）。自1995年4月1日起执行的《暂行办法》，对扣缴义务人和代扣代缴的范围、扣缴义务人的义务及应承担的责任、代扣代缴期限等作了明确规定。

(一) 扣缴义务人和代扣代缴的范围

1. 扣缴义务人

凡支付个人应纳税所得的企业(公司)、事业单位、机关、社团组织、军队、驻华机构、个体户等单位或者个人,为个人所得税的扣缴义务人。

这里所说的驻华机构,不包括外国驻华使领馆和联合国及其他依法享有外交特权和豁免的国际组织驻华机构。

2. 代扣代缴的范围

扣缴义务人向个人支付下列所得,应代扣代缴个人所得税:

(1) 工资、薪金所得。

(2) 对企事业单位的承包经营、承租经营所得。

(3) 劳务报酬所得。

(4) 稿酬所得。

(5) 特许权使用费所得。

(6) 利息、股息、红利所得。

(7) 财产租赁所得。

(8) 财产转让所得。

(9) 偶然所得。

(10) 经国务院财政部门确定征税的其他所得。

扣缴义务人向个人支付应纳税所得(包括现金、实物和有价证券)时,不论纳税人是否属于本单位人员,均应代扣代缴其应纳的个人所得税税款。

这里所说的支付,包括现金支付、汇拨支付、转账支付和以有价证券、实物以及其他形式的支付。

(二) 扣缴义务人的义务及应承担的责任

1. 扣缴义务人应指定支付应纳税所得的财务会计部门或其他有关部门的人员为办税人员,由办税人员具体办理个人所得税的代扣代缴工作。

扣缴义务人的有关领导要对代扣代缴工作提供便利,支持办税人员履行义务;确定办税人员或办税人员发生变动时,应将名单及时报告主管税务机关。

2. 扣缴义务人的法人代表（或单位主要负责人）、财会部门的负责人及具体办理代扣代缴税款的有关人员，共同对依法履行代扣代缴义务负法律责任。

3. 同一扣缴义务人的不同部门支付应纳税所得时，应报办税人员汇总。

4. 扣缴义务人在代扣税款时，必须向纳税人开具税务机关统一印制的代扣代收税款凭证，并详细注明纳税人姓名、工作单位、家庭住址和居民身份证或护照号码（无上述证件的，可用其他能有效证明身份的证件）等个人情况。对工资、奖金所得和利息、股息、红利所得等，因纳税人数众多，不便一一开具代扣代收税款凭证的，经主管税务机关同意，可不开具代扣代收税款凭证，但应通过一定形式告知纳税人已扣缴税款。纳税人为持有完税依据而向扣缴义务人索取代扣代收税款凭证的，扣缴义务人不得拒绝。

扣缴义务人应主动向税务机关申领代扣代收税款凭证，据以向纳税人扣税。非正式扣税凭证，纳税人可以拒收。

5. 扣缴义务人对纳税人的应扣未扣的税款，其应纳税款仍然由纳税人缴纳，扣缴义务人应承担应扣未扣税款50%以上至3倍的罚款。

6. 扣缴义务人应设立代扣代缴税款账簿，正确反映个人所得税的扣缴情况，并如实填写《扣缴个人所得税报告表》及其他有关资料。

7. 关于行政机关、事业单位工资发放方式改革后扣缴个人所得税的问题。

(1) 行政机关、事业单位改革工资发放方式后，随着支付工资所得单位的变化，其扣缴义务人也有所变化。根据《个人所得税法》第八条规定，凡是有向个人支付工薪所得行为的财政部门（或机关事务管理、人事等部门）、行政机关、事业单位均为个人所得税的扣缴义务人。

(2) 财政部门（或机关事务管理、人事等部门）向行政机关、事业单位工作人员发放工资时应依法代扣代缴个人所得税。行政机关、事业单位在向个人支付与其任职、受雇有关的其他所得时，应将个人的这部分所得与财政部门（或机关事务管理、人事等部门）发放的工资合并计算应纳税额，并就应纳税额与财政部门（或机关事务管理、人事等部门）已扣缴税款的差额部分代扣代缴个人所得税。

（三）代扣代缴期限

扣缴义务人每月所扣的税款，应当在次月15日内缴入国库，并向主管税务机关报送《扣缴个人所得税报告表》、代扣代收税款凭证和包括每一纳税人姓名、单位、职务、收入、税款等内容的《支付个人收入明细表》以及税务机关要求报送的其他有关资料。

扣缴义务人违反上述规定不报送或者报送虚假纳税资料的，一经查实，其未在《支付个人收入明细表》中反映的向个人支付的款项，在计算扣缴义务人应纳税所得额时不得作为成本费用扣除。

扣缴义务人因有特殊困难不能按期报送《扣缴个人所得税报告表》及其他有关资料的，经县级税务机关批准，可以延期申报。

**【对导入案例8-1的分析】**　杜民在获得各项应税所得时，应该由支付所得的单位或个人代扣代缴个人所得税。如果年所得超过12万元，则应在年度终了后3个月内办理自行申报纳税。

## 第二节　年所得12万元以上的纳税申报

我国为完善个人所得税征管机制，加强对高收入者个人所得税的征管工作，促进社会公平正义与和谐稳定，规定自2006年1月1日起，年个人所得在12万元以上的纳税人需要自行申报纳税。

### 一、自行申报纳税的内容

根据规定，年所得在12万元以上的纳税人，无论取得的各项所得是否已足额缴纳了个人所得税，均应当按照规定，于纳税年度终了后3个月内，向税务机关办理纳税申报，填写《个人所得税纳税申报表》（适用于年所得12万元以上的纳税人申报），并在办理纳税申报时报送主管税务机关，同时报送个人有效身份证件复印件，以及主管税务机关要求报送的其他有关资料。

（一）构成12万元的所得

构成12万元的所得包括：工资、薪金所得；个体工商户的生产、经营所得；对企事业单位的承包经营、承租经营所得；劳务报酬所得；稿酬所得；特许权使用费所得；利息、股息、红利所得；财产租赁所得；财产转让所得；偶然所得；经国务院财政部门确定的其他所得。

**【资料链接8-2】**

**12万元的标准如何确定?①**

中国人向来比较含蓄内敛，个人财产被看做是个人隐私，个人所得税的申报会不会让市民觉得有“财产外泄”的压力？12万元的标准是如何定的，不同地方消费水平不同，这样统一标准是否有“一刀切”之嫌?

广东省地税局税政二处处长罗达佳表示：12万元的基点是如何确定的？中国所有税收制度的税权高度集中在中央，2005年，全国城市居民人均可自行支配的年收入是10 493元，也就是一年1万多元，因此，国家把年收入定为12万元为高收入群体这并不为过，至于广州、深圳等经济水平较高的城市12万元的基数是不是过低，这还需要通过第一年（2006年）的自行申报情况再作决定。

税务部门有关负责人表示，广东省地税局会从内部对纳税人信息进行保密，税务机关有义务保守秘密，如果泄露出去，会按照《税收征管法》对相关责任人进行行政处分。

（二）不包含在12万元中的所得

在计算12万元年所得时，对《个人所得税法》及其实施条例中规定的免税所得以及允许在税前扣除的有关所得，可以不计算在其中。

① 资料来源：《信息时报》，转载自 http：//news. sohu. com/20061219/n247120457. shtml，访问时间2012年9月8日。

1. 免税项目，即《个人所得税法》第四条第（一）项至第（九）项规定的免税所得，包括：

（1）省级人民政府、国务院部委、中国人民解放军军以上单位，以及外国组织、国际组织颁发的科学、教育、技术、文化、卫生、体育、环境保护等方面的奖金；

（2）国债和国家发行的金融债券利息；

（3）按照国家统一规定发给的补贴、津贴，即按照国务院规定发放的政府特殊津贴、院士津贴、资深院士津贴以及国务院规定免纳个人所得税的其他补贴、津贴；

（4）福利费、抚恤金、救济金；

（5）保险赔款；

（6）军人的转业费、复员费；

（7）按照国家统一规定发给干部、职工的安家费、退职费、退休工资、离休工资、离休生活补助费；

（8）依照我国有关法律规定应予免税的各国驻华使馆、领事馆的外交代表、领事官员和其他人员的所得；

（9）中国政府参加的国际公约、签订的协议中规定免税的所得。

2. 可以免税的来源于中国境外的所得。

3. 按照国家规定单位为个人缴付和个人缴付的基本养老保险费、基本医疗保险费、失业保险费。

---

**提问与思考**

退休人员张斌年退休金 4 万元，当年从其他单位获得 8.86 万元劳务报酬所得，问应否按年所得 12 万元自行纳税申报？

**分析与回答**

如果 8.86 万元是税前所得，则不用申报。因为退休金不需要缴纳个人所得税，不包括在年所得之内。劳务报酬支付单位需要代扣代缴 21 352 元［88 600 ×（1 - 20%）×40% - 7 000］个人所得税，如果未扣缴，就需要自行申报。

如果 8.86 万元是税后所得，支付单位需要代扣代缴个人所得税，那就要换成含税的所得。张斌税前劳务报酬所得 =（88 600 - 7 000）÷68% =

120 000（元），年所得达到了12万元，这样就需要按年所得12万元进行纳税申报。

---

## 二、各项所得年所得额的计算

确定年所得时应该以毛收入额计算：（1）纳税人取得的收入中含免征额的，计算年所得额时不得扣除免征额；（2）享受减免税政策（指直接减免税额）的纳税人，应将减免税所得计入年所得额。具体来说：

1. 工资、薪金所得，是指未减除费用（每月3 500元）及附加减除费用（每月1 300元）的收入额。也就是与任职、受雇有关的各种所得（单位所发的工资单内外的所得），剔除按照国家统一规定发给的补贴、津贴以及“三险一金”以后的余额。

2. 个体工商户的生产、经营所得，是指应纳税所得额。实行查账征收的，按照每一纳税年度的收入总额减除成本、费用以及损失后的余额计算；实行定期定额征收的，按照纳税人自行申报的年度应纳税所得额计算，或按照其自行申报的年度应纳税经营额乘以应税所得率计算。个人独资企业和合伙企业投资者的应纳税所得额，比照上述方法计算。

3. 对企事业单位的承包经营、承租经营所得，按照每一纳税年度的收入总额计算。即按照承包经营、承租经营者实际取得的经营利润，加上从承包、承租的企事业单位中取得的工资、薪金性质的所得。

4. 劳务报酬所得、稿酬所得、特许权使用费所得，是指未减除法定费用（每次800元或者每次收入的20%）的收入额。

5. 财产租赁所得，是指未减除法定费用（每次800元或者每次收入的20%）和修缮费用（每月不超过800元）的收入额。

6. 财产转让所得，是指转让财产的收入额减除财产原值和转让财产过程中缴纳的税金及有关合理费用后的余额，即应纳税所得额。

7. 利息、股息、红利所得，偶然所得和其他所得，均指不减除任何费用的收入额。

**【对导入案例8-1的分析】**

1. 杜民应计入年所得的工资、薪金所得＝工资收入－个人按照规定缴纳的"三险一金" =144 000－15 600 =128 400（元）；

2. 国务院颁发的政府特殊津贴2 400元不计入年所得的范畴；

3. 企业债券利息5 000元计入年所得，国债利息10 000元不计入年所得；

4. 稿酬所得6 000元计入年所得；

5. 保险赔款3 500元不计入年所得的范畴；

6. 财产租赁所得按照42 000元（3 500×12）计入年所得，不得扣除缴纳的税费和费用减除额；

7. 股票分红3 000元计入年所得；

8. 股票转让所得虽然享受暂免征收个人所得税的待遇，但是应计入年所得的范畴，因此股票转让所得50 000元应该计入年所得；

9. 购物中奖所得5 000元属于偶然所得，应该计入年所得；

杜民的年所得=128 400+5 000+6 000+42 000+3 000+50 000+5 000=239 400（元）

由于杜民的年所得超过12万元，因此需要自行申报纳税。

### 三、纳税申报表的填写

年度纳税申报时，年所得12万元以上的纳税人，持个人有效身份证件（包括中国公民的居民身份证、华侨和外籍人员的护照、港澳台同胞的回乡证、中国人民解放军的军人身份证件等）以及各地方主管税务部门要求报送的其他资料，填写并报送《个人所得税纳税申报表》（适用于年所得12万元以上的纳税人申报）（见表8-1），即可办理纳税申报。

除了个人基本信息，需在纳税申报表上填写一个纳税年度内的所得、应纳税额、已缴（扣）税额、抵免（扣）税额、应补（退）税额等内容。

为了便于自行申报，年收入12万元以上的纳税人可选择不同的方式办理纳税申报，比如在地税机关的网站上进行申报，邮寄申报，直接到地税机关的办税服务厅进行申报，或者依据主管税务机关规定的其他方式申报。

**表 8-1　个人所得税纳税申报表**

（适用于年所得 12 万元以上的纳税人申报）

所得年份：2012 年　　　　填表日期：2013 年 2 月 25 日　　　　金额单位：人民币元（列至角分）

| | | | | | | | | | | | | |
|---|---|---|---|---|---|---|---|---|---|---|---|---|
| 纳税人姓名 | 杜民 | 国籍（地区） | 中国 | 身份证照类型 | 身份证 | | 身份证照号码 | | | | | |
| 任职、受雇单位 | ×× | 任职受雇单位税务代码 | ×× | 任职受雇单位所属行业 | ×× | | 职务 | | | 职业 | | |
| 在华天数 | | 境内有效联系地址 | | | | | 境内有效联系地址邮编 | | | 联系电话 | | |
| 此行由取得经营所得的纳税人填写 | 经营单位纳税人识别号 | | | | | | 经营单位纳税人名称 | | | | | |
| 所得项目 | | 年所得额 | | | 应纳税所得额 | 应纳税额 | 已缴（扣）税额 | 抵扣税额 | 减免税额 | 应补税额 | 应退税额 | 备注 |
| | | 境内 | 境外 | 合计 | | | | | | | | |
| 1、工资、薪金所得 | | 128 400.00 | 0.00 | 128 400.00 | 86 400.00 | 7 275.00 | 2 580.00 | 0.00 | 0.00 | 4 695.00 | 0.00 | |
| 2、个体工商户的生产、经营所得 | | 0.00 | 0.00 | 0.00 | 0.00 | 0.00 | 0.00 | 0.00 | 0.00 | 0.00 | 0.00 | |
| 3、对企事业单位的承包经营、承租经营所得 | | 0.00 | 0.00 | 0.00 | 0.00 | 0.00 | 0.00 | 0.00 | 0.00 | 0.00 | 0.00 | |
| 4、劳务报酬所得 | | 0.00 | 0.00 | 0.00 | 0.00 | 0.00 | 0.00 | 0.00 | 0.00 | 0.00 | 0.00 | |
| 5、稿酬所得 | | 6 000.00 | 0.00 | 6 000.00 | 4 800.00 | 672.00 | 672.00 | 0.00 | 0.00 | 0.00 | 0.00 | |
| 6、特许权使用费所得 | | 0.00 | 0.00 | 0.00 | 0.00 | 0.00 | 0.00 | 0.00 | 0.00 | 0.00 | 0.00 | |
| 7、利息、股息、红利所得 | | 8 000.00 | 0.00 | 8 000.00 | 6 500.00 | 1 300.00 | 300.00 | 0.00 | 0.00 | 1 000.00 | 0.00 | |

（续表）

| | | | | | | | | | | | |
|---|---|---|---|---|---|---|---|---|---|---|---|
| 8、财产租赁所得 | 42 000.00 | 0.00 | 42 000.00 | 300 00.00 | 3 000.00 | 0.00 | 0.00 | 0.00 | 3 000.00 | 0.00 | |
| 9、财产转让所得 | 50 000.00 | 0.00 | 50 000.00 | 50 000.00 | 0.00 | 0.00 | 0.00 | 0.00 | 0.00 | 0.00 | |
| 其中：股票转让所得 | 50 000.00 | 0.00 | 50 000.00 | — | — | — | — | — | — | — | |
| 个人房屋转让所得 | 0.00 | 0.00 | 0.00 | 0.00 | 0.00 | 0.00 | 0.00 | 0.00 | 0.00 | 0.00 | |
| 10、偶然所得 | 5 000.00 | 0.00 | 5 000.00 | 5 000.00 | 1 000.00 | 1 000.00 | 0.00 | 0.00 | 0.00 | 0.00 | |
| 11、其他所得 | 0.00 | 0.00 | 0.00 | 0.00 | 0.00 | 0.00 | 0.00 | 0.00 | 0.00 | 0.00 | |
| 合　　计 | 239 400.00 | 0.00 | 239 400.00 | 182 700 | 13 247.00 | 4 552.00 | 0.00 | 0.00 | 8 695.00 | 0.00 | |
| 我声明，此纳税申报表是根据《中华人民共和国个人所得税法》及有关法律、法规的规定填报的，我保证它是真实的、可靠的、完整的。<br>纳税人（签字）： | | | | | | | | | | | |
| 代理人（签章）：<br>联系电话： | | | | | | | | | | | |

税务机关受理人（签字）：　　　税务机关受理时间：　　年　　月　　日　　　受理申报税务机关名称（盖章）：

## 《个人所得税年度申报表》(适用于年所得12万元以上的纳税人申报)的填写说明

1. 本表根据《中华人民共和国个人所得税法》及其实施条例和《个人所得税自行纳税申报办法(试行)》制定,适用于年所得12万元以上纳税人的年度自行申报。

2. 负有纳税义务的个人,可以由本人或者委托他人于纳税年度终了后3个月以内向主管税务机关报送本表。不能按照规定期限报送本表时,应当在规定的报送期限内提出申请,经当地税务机关批准,可以适当延期。

3. 填写本表应当使用中文,也可以同时用中、外两种文字填写。

4. 本表各栏的填写说明如下:

(1) 所得年份和填表日期:所得年份,填写纳税人实际取得所得的年度;填表日期,填写纳税人办理纳税申报的实际日期。

(2) 身份证照类型:填写纳税人的有效身份证照(居民身份证、军人身份证件、护照、回乡证等)名称。

(3) 身份证照号码:填写中国居民纳税人的有效身份证照上的号码。

(4) 任职、受雇单位:填写纳税人的任职、受雇单位名称。纳税人有多个任职、受雇单位时,填写受理申报的税务机关主管的任职、受雇单位。

(5) 任职、受雇单位税务代码:填写受理申报的任职、受雇单位在税务机关办理税务登记或者扣缴登记的编码。

(6) 任职、受雇单位所属行业:填写受理申报的任职、受雇单位所属的行业。其中,行业应按国民经济行业分类标准填写,一般填至大类。

(7) 职务:填写纳税人在受理申报的任职、受雇单位所担任的职务。

(8) 职业:填写纳税人的主要职业。

(9) 在华天数:由中国境内无住所的纳税人填写在税款所属期内在华实际停留的总天数。

(10) 境内有效联系地址:填写纳税人的住址或者有效联系地址。其中,在中国境内有住所的纳税人应填写其经常居住地址。在中国境内无住所的居民住在公寓、宾馆、饭店的,应当填写公寓、宾馆、饭店名称和房间号码。

经常居住地，是指纳税人离开户籍所在地最近连续居住一年以上的地方。

(11) 经营单位纳税人识别码、纳税人名称：纳税人取得的年所得中含个体工商户的生产、经营所得和对企事业单位的承包经营、承租经营所得时填写本栏。

纳税人识别码：填写税务登记证号码。

纳税人名称：填写个体工商户、个人独资企业、合伙企业名称，或者承包、承租经营的企事业单位名称。

(12) 年所得额：填写在纳税年度内取得相应所得项目的收入总额。年所得额按《个人所得税自行纳税申报办法（试行)》的规定计算。

各项所得的计算，以人民币为单位。所得以非人民币计算的，按照《个人所得税法》实施条例第四十三条的规定折合成人民币。

(13) 应纳税所得额：填写按照个人所得税有关规定计算的应当缴纳个人所得税的所得额。

(14) 已缴（扣）税额：填写取得该项目所得在中国境内已经缴纳或者扣缴义务人已经扣缴的税款。

(15) 抵扣税额：填写《个人所得税法》允许抵扣的在中国境外已经缴纳的个人所得税税额。

(16) 减免税额：填写《个人所得税法》允许减征或免征的个人所得税税额。

(17) 本表为 A4 横式，一式两联，第一联报税务机关，第二联纳税人留存。

**【对导入案例 8-1 的分析】**

通过上面的计算已知，杜民的收入总额为 239 400 元，已经超过 12 万元，因此，杜民应该进行年所得 12 万元以上的纳税申报。在填写纳税申报表时，先要确定支付所得的单位是否已经代扣代缴个人所得税，金额是否正确，然后计算应纳税额，比较两者，看是应该补税还是应该退税。下面分别对杜民取得收入的各个项目进行分析：

1. 工资、薪金所得

通过到本单位财务部门核查，杜民发现，本单位按月发放的工资都已经正确计税并且代扣代缴了个人所得税税款，但年终奖金 48 000 元未扣税。所以，杜民在申报时应补缴这部分税款。

(1) 工资所得：

每月工资的应纳税所得额 = 8 000 - 1 300 - 3 500 = 3 200（元），税率10%，速算扣除数105；注意：其中1 300元为个人缴纳的“三险一金”，属于免税范围。

每月工资的应纳税额 = 3 200 × 10% - 105 = 215（元）

全年工资的应纳税额 = 215 × 12 = 2 580（元）

(2) 年终奖金：

年终奖金48 000元除以12，得到商数4 000元，税率为10%，速算扣除数为105。

应纳税额 = 48 000 × 10% - 105 = 4 695（元）

(3) 工资、薪金年所得额与应纳税额：

杜民的工资年所得额 = 144 000 - 15 600 = 128 400（元）

工资、薪金的应纳税所得额 = 3 200 × 12 + 48 000 = 86 400（元）

工资、薪金所得的应纳税额 = 215 × 12 + 4 695 = 2 580 + 4 695 = 7 275（元）

2. 利息、股息、红利所得

持有某企业债券获得利息5 000元，发债企业未代扣代缴税款，杜民应补税 = 5 000 × 20% = 1 000（元）。

根据规定，个人持有上市公司的股票，上市公司分红时，应按照应纳税所得额的50%适用20%的税率代扣代缴个人所得税。所以某上市公司给杜民分红3 000元，代扣个人所得税300元是正确的。

3. 稿酬所得

稿酬所得6 000元，应纳税额 = 6 000 ×（1 - 20%）× 14% = 672（元），因此出版社扣缴税款672元是正确的。

4. 财产租售所得

根据财税［2008］24号文件规定：自2008年3月1日起，对个人出租房屋取得的所得减按10%的税率征收个人所得税。

财产租赁所得年应纳税额 =（3 500 - 200 - 800）× 10% × 12 = 3 000（元），未缴纳个人所得税，应补缴税款。

5. 财产转让所得

目前我国对转让股票实行免税。所以转让股票所得50 000元不必交税。

6. 偶然所得

偶然所得5 000元，应缴纳个人所得税1 000元。支付单位已经按规定扣缴税款，不必补交。

杜民就上述数据填写《个人所得税年度申报表》（适用于年所得12万元以上的纳税人申报）说明：

1. 工资、薪金所得

工资、薪金所得 = (8 000 − 1 300) × 12 + 48 000 = 128 400（元）

应纳税所得额 = (8 000 − 1 300 − 3 500) × 12 + 48 000 = 86 400（元）

应纳税额 = [(8 000 − 1 300 − 3 500) × 10% − 105] × 12 + 48 000 × 10% − 105 = 7 275（元）

“已缴（扣）税额”填写2 580元，应补税额 = 7 275 − 2 580 = 4 695（元）

2. 稿酬所得

应纳税所得额 = 6 000 × (1 − 20%) = 4 800（元）

应纳税额 = 4 800 × 20% × (1 − 30%) = 672（元）

“已缴（扣）税额”填写672元，应补税额和应退税额均为0元。

3. 利息、股息、红利所得

利息、股息、红利所得包括企业债券利息5 000元和上市公司分红3 000元，因此应该填写8 000元。

利息、股息、红利所得以收入额为应纳税所得额，不得作任何扣除；纳税人从上市公司分回的股息、红利减按50%计入应纳税所得额，因此：

应纳税所得额 = 5 000 + 3 000 × 50% = 6 500（元）

应纳税额 = 5 000 × 20% + 3 000 × 50% × 20% = 1 300（元）

“已缴（扣）税额”填写300元，应补税额为1 000元。

4. 财产租赁所得

财产租赁所得 = 3 500 × 12 = 42 000（元）

应纳税所得额 = (3 500 − 800 − 200) × 12 = 30 000（元）

应纳税额 = 30 000 × 10% = 3 000（元）

“已缴（扣）税额”填写0元，应补税额填写3 000元。

5. 财产转让所得

财产转让所得中只有股票转让所得50 000元，应纳税所得额为50 000元。目前我国对转让股票所得暂免征收个人所得税，故财产转让所得应纳税额为0元。

6. 偶然所得

偶然所得包括中奖所得 5 000 元，偶然所得以收入额为应纳税所得额，不得作任何扣除，因此应纳税所得额为 5 000 元。

应纳税额 = 5 000 × 20% = 1 000（元）

7. 其他所得

其他所得项目均为 0 元。

8. 合计

年所得合计为 239 400 元，应纳税所得额为 182 700 元，应纳税额为 13 247 元，已缴（扣）税额合计为 4 552 元，应补税额为 8 695 元，应退税额为 0 元。

上述数据填写结果请见表 8-1。

## 第三节　境外所得的纳税申报

**【导入案例 8-2】**　纳税人罗肖为中国居民，2012 年被外派到境外工作，从 A、B 两国取得应税收入。其中，在 A 国某公司任职，取得工资、薪金收入 69 600 元（平均每月 5 800 元），因提供一项专利技术使用权，一次取得特许权使用费收入 30 000 元，这两项收入在 A 国分别缴纳个人所得税 1 000 元和 4 000 元，共计 5 000 元；因在 B 国出版著作，获得稿酬收入（版税）15 000 元，并在 B 国缴纳该项收入的个人所得税 1 720 元。

**问题：**

1. 请问罗肖的境外所得是否需要向我国纳税？如果需要，请计算应向我国缴纳多少个人所得税？

2. 罗肖应如何进行境外所得的个人所得税纳税申报？

随着国际交流的增多，取得境外所得的国人越来越多。为维护国家税收权益，加强对来源于中国境外所得的个人所得税征收管理，我国制定了《境外所得个人所得税征收管理暂行办法》。

## 一、境外所得的内容

下列所得，不论支付地点是否在中国境外，均为来源于中国境外的所得：

1. 因任职、受雇、履约等而在中国境外提供劳务取得的所得；
2. 将财产出租给承租人在中国境外使用而取得的所得；
3. 转让中国境外的建筑物、土地使用权等财产或者在中国境外转让其他财产取得的所得；
4. 许可各种特许权在中国境外使用而取得的所得；
5. 从中国境外的公司、企业以及其他经济组织或者个人取得的利息、股息、红利所得。

纳税人的境外所得，包括现金、实物和有价证券。

## 二、境外所得的税额扣除

为了避免对同一所得项目的国际重复课税问题，同时维护我国的税收权益，我国的《个人所得税法》规定：纳税义务人从中国境外取得的所得，准予其在应纳税额中扣除已在境外缴纳的个人所得税税额，但扣除额不得超过该纳税义务人境外所得依照我国税法规定计算的应纳税额。具体规定及计税方法如下：

1. 实缴境外税款

即在境外实际缴纳的个人所得税税款。在境外实际缴纳的个人所得税税款，是指纳税人从中国境外取得的所得，依照所得来源国或地区的法律应当缴纳，并且实际已经缴纳的税款。

2. 抵免限额

根据我国税法规定，准予抵免（扣除）的实缴境外税款最多不能超过境外所得按我国税法计算的应纳税额（即抵免限额）。我国个人所得的抵免限额采用分国限额法，即对于来自不同国家或地区的不同应税项目，依照我国税法规定的费用减除标准和适用税率分别计算抵免限额。对于来自同一国家或地区的不同应税项目的所得，以其各方面的抵免限额之和作为来自该国或地区所得的抵免限额。

不同的应税项目减除不同的费用标准，计算出的单项抵免限额相加后，求得来自一国或地区所得的抵免限额，即分国或地区的抵免限额。不同国家或地区的抵免限额不能相加。即在计算抵免限额的过程中，首先应分国分项计算抵免限额，之后将同一国家不同项目的抵免限额相加，得到分国不分项的抵免限额。

3. 允许抵免额

允许纳税人在应纳我国个人所得税税额中抵免的税额即允许抵免额，要分国或地区确定，即在计算出的来自一国或地区所得的抵免限额与实缴该国或地区的税款之间进行比较，以数额较小者作为允许抵免额。

4. 超限额与超限额结转

在某一纳税年度，如果发生实际在境外缴纳的个人所得税税款超过了抵免限额，即发生超限额时，超限额部分不允许在应纳税额中抵扣，但可以在以后纳税年度该国家或地区抵免限额的余额中补扣。下一年度结转后仍有超限额的，可以继续结转，但每年发生的超限额结转期最长不得超过五年。

5. 申请抵免

在境外已缴纳税款的抵免必须由纳税人提出申请，并提供境外税务机关填发的完税凭证原件。

6. 应纳税额的计算

在计算出抵免限额和确定了允许抵免额之后，便可对纳税人的境外所得计算应纳税额，其计算公式为：

应纳税额 = $\sum$（来自某国或地区的所得 - 费用减除标准）× 适用税率 - 速算扣除数 - 允许抵免额

**【对导入案例 8-2 的分析】** 罗肖作为中国居民从国外取得的收入，符合“境外所得”的定义，应按照我国税法的规定计算应缴的个人所得税。根据规定，纳税人从中国境外取得的所得，在计算税额时，准予其在应纳税额中扣除已在境外缴纳的个人所得税税额，但抵免额不得超过该纳税人境外所得依据中国《个人所得税法》计算的应纳税额。罗肖境外所得抵扣计算方法如下：

1. 在 A 国所纳个人所得税的抵免

外派到国外工作的中国公民，属于在中国境内有住所而在中国境外任职或者受雇取得工资、薪金所得的个人，在计算工资、薪金所得时，可按 4 800 元的费用标准扣除。

（1）工资、薪金所得每月应纳税额 =(5 800 - 4 800) ×3% =30（元）

全年应纳税额 = 30 × 12 = 360（元）

(2) 特许权使用费所得应纳税额 = 30 000 ×（1 − 20%）× 20% = 4 800（元）

由于采用“分国不分项”的方法，在一国中各项所得的抵免限额和已纳税额都可以合并起来。

2012年罗肖在A国缴纳个人所得税的抵免限额 = 360 + 4 800 = 5 160（元）

罗肖在A国实际缴纳个人所得税5 000元，低于抵免限额，可以全额抵免，并需在中国补缴差额部分的税款，即160元（5 160 − 5 000）。

2. 在B国所纳个人所得税的抵免

2012年罗肖在B国缴纳个人所得税的抵免限额 = 15 000 ×（1 − 20%）× 20% ×（1 − 30%）= 1 680（元）

即其抵免限额为1 680元。该纳税义务人的稿酬所得在B国实际缴纳个人所得税1 720元，超出抵免限额40元，不能在本年度抵免，但可在以后5个纳税年度的该国抵免限额的余额中补扣。

综合上述计算结果，该纳税义务人在本纳税年度中的境外所得，应在中国补缴个人所得税160元。

3. 纳税义务人罗肖依照税法的规定申请扣除已在境外缴纳的税额时，应当提供境外税务机关填发的完税凭证原件。

4. 为了保证正确计算抵免限额及合理扣除境外已纳税额，税法要求在中国境内有住所，或者无住所而在境内居住满一年的个人，从中国境内和境外取得的所得，应当分别计算应纳税额。

---

**提问与思考**

纳税人在境内、境外分别取得的工资、薪金收入如何纳税？

**分析与回答**

根据国税发［1994］089号文件：纳税人在境内、境外分别取得工资、薪金所得，应首先判定其境内、境外取得的所得是否来源于一国的所得，如果因任职、受雇、履约等而在中国境内提供劳务取得所得，无论支付地点是否在中国境内，均属于来源于中国境内的所得。纳税人能够提供在境内、境外同时任职或受雇及其工资、薪金标准的有效证明文件，可判定其所得是分别来自境内和境外的，应分别减除费用后计税。如果纳税人不能提供上述证明文件，应视为来源于一国的所得。若其任职、受雇单位在中国境内，应为来源于中国境内的所得，若其任职、受雇单位在中国境外，应为来源于中国境外的所得，依照有关规定计税。

因此，能提供境外（包括中国香港、澳门、台湾地区）税务机关填发的完税凭证原件的纳税人，收入所得不仅能分别减除费用，境外已缴纳的税款还准予从境外所得的应纳税款中抵扣，对减轻纳税人的税负有很大的帮助，因此纳税人应妥善保管好取得的纳税证明。

---

### 三、境外所得为外币的折算

纳税人取得的境外所得为美元、日元和港币的，按照填开完税凭证的上一月最后一日中国人民银行公布的人民币对上述三种货币的基准汇价，折合成人民币计算缴纳税款。

纳税人取得的境外所得为上述三种货币以外的其他货币的，应根据填开完税凭证的上一月最后一日美元对人民币的基准汇价和国家外汇管理局提供的同日纽约外汇市场美元对主要外币的汇价进行套算，按套算后的汇价作为折合汇率计算缴纳税款。套算公式为：

某种货币对人民币汇价＝美元对人民币的基准汇价÷纽约外汇市场美元对该种货币的汇价

在年度终了后自行申报纳税的，对已经按月或者按次预缴税款的外国货币所得，不再重新折算；对应当补缴税款的所得部分，按照上一纳税年度最后一日中国人民银行公布的人民币对美元、日元和港币三种货币的基准汇价，折合成人民币计算应纳税所得额，如所得为三种货币以外的其他货币的，按照上一纳税年度最后一日美元对人民币的基准汇价和国家外汇管理局提供的同日纽约外汇市场美元对主要外币的汇价进行套算，折合成人民币计算应纳税所得额。

### 四、境外所得的纳税申报

#### （一）纳税申报方式

纳税人受雇于中国境内的公司、企业和其他经济组织以及政府部门并派往境外工作，其所得由境内派出单位支付或负担的，境内派出单位为个人所得税扣缴义务人，税款由境内派出单位负责代扣代缴。其所得由境外任职、受雇的中方机构支付、负担的，可委托其境内派出（投资）机构代征税款。

上述境外任职、受雇的中方机构是指中国境内的公司、企业和其他经济组织以及政府部门所属的境外分支机构、使（领）馆、子公司、代表处等。

除以上情形之外，境外所得来源于两处以上的，或者取得境外所得没有扣缴义务人、代征人的（包括扣缴义务人、代征人未按规定扣缴或征缴税款的）应自行申报纳税。

### （二）纳税申报期限

中国境内的公司、企业和其他经济组织以及政府部门，凡有外派人员的，应在每一公历年度（以下简称年度）终了后30日内向主管税务机关报送外派人员情况。主要内容包括：外派人员的姓名、身份证或护照号码、职务、派往国家和地区、境外工作单位名称和地址、合同期限、境内外收入状况、境内住所及缴纳税收情况等。

需自行申报纳税的纳税人，应在年度终了后30日内，向中国主管税务机关申报缴纳个人所得税。如所得来源国与中国的纳税年度不一致，年度终了后30日内申报纳税有困难的，可报经中国主管税务机关批准，在所得来源国的纳税年度终了、结清税款后30日内申报纳税。

纳税人如在税法规定的纳税年度期间结束境外工作任务回国，应当在回国后的次月15日内，向主管税务机关申报缴纳个人所得税。

### （三）纳税申报表的填写

扣缴义务人、代征人所扣（征）的税款，应当在次月15日内缴入国库，并向主管税务机关报送《扣缴个人所得税报告表》以及税务机关要求报送的其他资料。

纳税人从境外取得所得的，应自行申报纳税，并填写《个人所得税年度申报表》（见表8-2）。《个人所得税年度申报表》适用于在中国境外取得所得的、在中国境内有住所或者无住所而在境内居住满一年的个人，于年度终了后30日内向主管税务机关报送。在填写该表时，各栏目内容按所得项目分别进行汇总填报。

**表 8-2　个人所得税年度申报表**

纳税年度：自 2012 年 1 月 1 日至 2012 年 12 月 31 日　　　　填表日期：2013 年 1 月 15 日

纳税人编码 ：　　　　金额单位：人民币元

根据《中华人民共和国个人所得税法》第七条和第九条规定，制定本表。纳税人应在年度终了三十日内将税款缴入国库，并向当地税务机关报送本表。

| | | | | | | | | | | | | |
|---|---|---|---|---|---|---|---|---|---|---|---|---|
| 纳税人姓名 | 罗肖 | | 国籍 | | | 中国 | | | 抵华日期 | | | |
| 中国境内住址 | 省、市、县、街道及号数（包括公寓号码）<br>__________公寓 __________街道<br>__________县/市__________省 | | | | | | | | | | | |
| 中国境内通讯地址（如非上述地址） | | | | | | | | | 邮编 | | 电话 | |
| 职业 | | | 服务单位 | | | | | 服务地点 | | | | |
| 中国境内所得已纳税额 | | | | | 境外所得应纳税额 | | | | | | | |
| 所得项目 | 所得期间 | 应纳税所得额 | 已纳所得税额 | 自缴或扣缴 | 所得项目 | 收入额 | 减费用额 | 应纳税所得额 | 税率 | 速算扣除数 | 应纳所得税款 | 境外已缴税款 |
| 1 | 2 | 3 | 4 | 5 | 6 | 7 | 8 | 9 | 10 | 11 | 12 | 13 |
| | | | | | 工薪所得 | 69 600.00 | 57 600.00 | 12 000.00 | 3% | 0.00 | 360.00 | 1 000.00 |
| | | | | | 特许权使用费所得 | 30 000.00 | 6 000.00 | 24 000.00 | 20% | 0.00 | 4 800.00 | 4 000.00 |
| 授权代理人 | （如果你已委托代理人，请填写下列资料）<br>为代理一切税务事宜，现授权 __________<br>（地址） __________ 为本人代理申报人，任何与本申报有关的来往文件都可寄与此人。<br>授权人签字 __________ | | | | | 声明 | 我声明：此纳税申报表是根据《中华人民共和国个人所得税法》的规定填报的，我确信它是真实的、可靠的、完整的。<br>声明人签字__________ | | | | | |
| 代理申报人（签字）<br>以下由税务机关填写 | | | | | | 纳税人（签字或盖章） | | | | | | |
| 收到日期 | | | | 接收人 | | | 审核日期 | | | 主管税务机关盖章<br>主管税务官员签字 | | |
| 境外税额的扣除计算 | 扣除限额：5 160.00 | | | 审核记录 | | | | | | | | |
| | 实际扣除额：5 000.00 | | | | | | | | | | | |
| | 上年抵免的或结转的税额：0.00 | | | | | | | | | | | |
| | 应补缴的税额：160.00 | | | | | | | | | | | |

## 《个人所得税年度申报表》（适用于境外所得的纳税人年度申报）填表须知

一、本表适用于在中国境内有住所，或者无住所而在境内居住满一年的个人，从中国境外取得的所得年度申报。

二、负有纳税义务的个人不能按规定期限报送本表时，应当在规定的报送期限内提出申请，经当地税务机关批准，可以适当延长期限。

三、未按规定期限向税务机关报送本表的，依照《税收征管法》第六十二条的规定，予以处罚。

四、填写本表要用中文，也可用中、外两种文字填写。

五、所得为外国货币的，应按国家外汇管理机关公布的外汇牌价折合成人民币计算缴纳税款，并附送折算计算表。

六、本表各栏的填写如下：

1. 纳税年度：填写取得所得的公历年度。

2. 纳税人编码：填写办理税务登记时，由主管税务机关所确定的税务编码。

3. 填表日期：填写办理纳税申报表的实际日期。

4. 抵华日期：在中国境内无住所的纳税人填写此栏。

5. 在中国境内住址：在中国境内有住所的纳税人填写此栏。住在公寓、宾馆、饭店的，应填写公寓、宾馆、饭店名称和房间号码。

6. 在中国境内通讯地址：在中国境内无住所的纳税人填写此栏。

7. 邮编、电话：住址和通讯地址不一致时，邮编和电话号码应分别填写。

8. 已纳所得税额：填写纳税年度内在中国境内取得的所得已缴纳的税款。应分别所得项目填写并分别写明自缴或扣缴。同一所得项目，取得时间不同的，仍填入一行，并在“所得期间”栏内分别注明。

9. 境外所得应纳税额各栏填写如下：

（1）所得项目：按照《税法》第二条规定的所得项目分别填写。

（2）收入额：填写在年度内境外取得的全部收入额。

（3）减除费用额：按照《税法》第六条的规定应减除的费用额填入本栏。不减除费用的，不填写。

（4）境外已缴税额：填写在境外所得项目已缴纳的税额。

10. 声明人：填写纳税人本人姓名。如纳税人不在时，也可填写代理申报人姓名。

**【对导入案例 8-2 的分析】**

罗肖应以中国境外取得的所得，填写《个人所得税年度申报表》（见表 8-2）。在填写该表时，应按“分国不分项”的原则，对来自于不同国家或地区的所得分别填写。

下面我们以罗肖来自 A 国的境外所得为例，说明《个人所得税年度申报表》的填写：

1. 所得项目

填写在境外取得所得的项目，即工资、薪金所得，特许权使用费所得。

2. 收入额

填写纳税人在境外取得的各项所得金额，即工资、薪金所得为 69 600 元，特许权使用费所得为 30 000 元。

3. 减费用额

填写各项所得允许扣除的金额，即工资、薪金所得扣除 4 800 × 12 = 57 600（元），特许权使用费所得可扣除 20%，即 30 000 × 20% = 6 000（元）。

4. 应纳税所得额

应纳税所得额 = 收入额 − 费用额，即工资项目 = 696 000 − 57 600 = 12 000（元），特许权使用费项目 = 30 000 − 6 000 = 24 000（元）。

5. 税率

工资、薪金所得适用的税率为 3%，该税率应以罗肖月应纳税所得额进行确定，特许权使用费所得的税率为 20%。

6. 速算扣除数

工资、薪金所得的速算扣除数为根据每月的应纳税所得额查表找到的数值乘以 12，本项目为 0 元；特许权使用费所得的速算扣除数为 0。

7. 应纳所得税款

工资、薪金所得项目应纳税额 = 应纳税所得额 × 税率 − 速算扣除数 = （1 000 × 3% − 0） × 12 = 360（元）

特许权使用费所得项目应纳税额 = 应纳税所得额 × 税率 = 24 000 × 20% = 4 800（元）

8. 境外已缴税款

填写纳税人自境外取得的各项目所得时已在当地缴纳的个人所得税

额，即工资、薪金项目为1 000元，劳务报酬项目为4 000元。

9. 境外税额的扣除计算。

扣除限额为5 160元，即360 +4 800 =5 160（元）。

由于在A国实际已纳税额小于扣除限额，所以实际扣除额为5 000元。应补缴的税额为160元。来自B国所得的纳税申报在此不再赘述。

## 【本章小结】

1. 个人所得税的纳税办法包括自行申报纳税和代扣代缴两种。自行申报纳税的纳税义务人包括：年所得12万元以上的；从中国境内两处或者两处以上取得工资、薪金所得的；从中国境外取得所得的；取得应税所得，没有扣缴义务人的；国务院规定的其他情形。

2. 自行申报纳税的期限，一般情况下是在取得所得的次月15日内向主管税务机关办理纳税申报，年所得12万元以上的纳税人在纳税年度终了后在3个月内进行申报纳税。自行申报纳税的申报方式可以采取数据电文、邮寄等方式申报，也可以直接到主管税务机关申报，或者采取符合主管税务机关规定的其他方式申报。自行申报纳税地点包括纳税人任职、受雇单位所在地，经营所在地，经常居住地等，纳税人应区别不同情况来确定具体申报地点。

3. 凡支付个人应纳税所得的企业（公司）、事业单位、机关、社团组织、军队、驻华机构、个体户等单位或者个人，为个人所得税的扣缴义务人。扣缴的范围包括除个体工商户、个人独资企业、合伙企业生产、经营所得之外各项目的应税所得。

4. 纳税人和扣缴义务人要履行纳税和代扣代缴义务，按照税法规定如实申报纳税，违反规定的要承担相应的法律责任。

5. 自2006年1月1日起，年个人所得12万元以上需自行申报纳税。年所得12万元以上的纳税人，不包括在中国境内无住所，且在一个纳税年度中在中国境内居住不满1年的个人。

6. 构成12万元的所得包括工资、薪金所得，个体工商户的生产、经营所得，对企事业单位的承包经营、承租经营所得，劳务报酬所得，稿酬所得，特许权使用费所得，利息、股息、红利所得，财产租赁所得，财产转让所得，偶然所得，经国务院财政部门确定的其他所得；不包含在12万元中的所得包括免税所得，可以免税的来源于中国境外的所得，按照国家规定单位为个人缴付和个人缴付的基本养老保险费、基本医疗保险费、失业保险费、住房公积金。

7. 确定构成12万元项目年所得时应该以毛收入额计算。纳税人取得的收入中含免征额的，计算年所得额时不得扣除免征额，例如工资、薪金所得，按照未减除费用或附加减除费用的收入额计算；享受减免税政策（指直接减免税额）的纳税人，应将减免税所得计入年所得额，例如稿酬所得，应纳税额的减征部分计入年所得额。

8. 为了避免重复征税，税法规定，纳税义务人从中国境外取得的所得，准予其在应纳税额中扣除已在境外缴纳的个人所得税额。但扣除额不得超过该纳税义务人境外所得依照我国税法规定计算的应纳税额，超过抵免限额的，其超过部分不得在本纳税年度的应纳税额中扣除，但是可以在以后纳税年度的境外国家或者地区抵免限额的余额中补扣，补扣期限最长不得超过5年。

9. 纳税义务人能够提供在境内、境外同时任职或者受雇及其工资、薪金标准的有效证明文件，可判定其所得是来源于境内和境外所得，应按税法和条例的规定分别减除费用并计算纳税；不能提供上述证明文件的，应视为来源于一国的所得。所以，对于这些人来说，要充分运用现行税收政策规定，做好境外所得个人所得税筹划，节省纳税。

10. 境外所得为外币的，应按一定的汇率折算为人民币计算纳税。纳税人从境外取得所得的，一般需自行申报纳税，并填写《个人所得税年度申报表》，于年度终了后30日内向主管税务机关报送。

## 【操作练习】

1. 2012年，马宇的全部收入及税款缴纳情况如下：

（1）全年取得工资、薪金收入198 500元，按照国家规定缴纳“三险一金”25 684元，单位扣缴个人所得税15 875元；

（2）取得公司股权分红20 000元，扣缴个人所得税4 000元；

（3）购买国债，取得利息收入2 000元；

(4) 购买企业债券，取得利息收入 1 500 元，企业没有扣缴个人所得税；

(5) 出售家庭非唯一住房（原值 700 000 元），取得转让收入 860 000 元，按规定缴纳个人所得税 23 400 元及其他税费 43 000 元；

(6) 出租自有商铺给某公司，每月租金 3 500 元，缴纳个人所得税 500 元，并按国家规定缴纳其他税费 200 元；

(7) 在上海证券交易所转让 A 股股票，盈利 60 000 元；

(8) 持有某上市公司 A 股股票，取得股息 3 000 元，扣缴个人所得税 300 元；

(9) 发明一项专利，让渡给某公司使用，取得收入 40 000 元，扣缴个人所得税 6 400 元；

(10) 购买体育彩票，中奖 800 元。

请根据以上信息，判定马宇年所得是否在 12 万元以上，如果在 12 万元以上，请填写《个人所得税年度申报表》（适用于年所得 12 万元以上的纳税人申报）。

2. 中国公民李玉是中国境内外商投资企业的高级职员，2012 年的收入情况如下：

(1) 雇用单位每月支付工资、薪金 12 000 元；

(2) 派遣单位每月支付工资、薪金 4 000 元；

(3) 从国外一次取得特许权使用费折合人民币 18 000 元，并提供了来源国的纳税凭证，纳税折合人民币 3 000 元；

(4) 参加国内某市举办的工程设计大赛，一次取得奖金收入 10 000 元；

(5) 2012 年 4 月 1 日承包一家商店，年底获利润 200 000 元，按承包合同规定上缴给发包人 150 000 元，50 000 元的承包所得分两次领取，分别为 24 000 元和 26 000 元，李玉将上述承包所得中的 4 000 元通过民政局向灾区捐赠。

李玉已对 2012 年度应纳个人所得税办理了申报纳税，其计税过程如下：

(1) 雇用单位全年支付的工资、薪金所得代扣代缴的税额 $= [(12\,000 - 4\,800) \times 20\% - 555] \times 12 = 885 \times 12 = 10\,620$（元）。

(2) 派遣单位全年支付的工资、薪金所得代扣代缴的税额 $= [(4\,000 - 3\,500) \times 3\%] \times 12 = 180$（元）。

(3) 从国外取得特许权使用费收入18 000元，李玉依据我国对所得来源地采取特许权使用地作为判定标准认定，该项特许权不在中国境内使用，因而不属于中国境内的所得，不需计缴个人所得税。

(4) 将奖金收入作为进行工程设计的报酬，按劳务报酬所得的有关规定计算应纳个人所得税额=10 000×(1-20%)×20%=1 600（元）。

(5) 承包所得分两次领取，应将其总额扣除捐赠支出后作为计算个人所得税的依据=(24 000+26 000-12×3 500-4 000)×5%=800(元)。

综合上述各项所得应纳（代扣代缴）的个人所得税，李玉2012年共缴纳税款=10 620+180+1 600+800=13 200（元）。

要求：指出李玉在计算应纳个人所得税款中存在的问题，给出正确的做法。

3. 陈先生是一家机械制造企业的技术干部，2012年6月初被派往韩国协助客户安装和使用本企业销售的机械设备。在韩国工作的7个月间，国内公司每月给陈先生发放工资8 500元人民币（已扣除个人缴纳的社保费用和公积金）；韩国公司每月支付给陈先生技术指导费用及生活补贴约合人民币7 000元，该费用每月由韩国公司支付给中国公司，再由中国公司发放给陈先生，同时该笔费用韩国公司每月为其向韩国申报缴纳个人所得税约合人民币1 400元。2013年1月份，陈先生回国。

请问：面对在韩国7个月间的国内和国外两处收入，陈先生应如何缴纳个人所得税？

# 参考文献

1. 中国注册会计师协会编：《税法》，北京：经济科学出版社，2012年版。

2. 张中秀主编：《税务筹划教程》，北京：中国人民大学出版社，2009年版。

3. 翟继光主编：《个人所得税自行纳税申报实务操作指南》，上海：生活·读书·新知三联书店，2008年版。

4. 杨志勇、张斌主编：《个人所得税自行申报与纳税筹划》，北京：机械工业出版社，2007年版。

5. 张云莺、郑建志主编：《税收筹划》，北京：清华大学出版社，2007年版。

6. 《中华人民共和国个人所得税法》，1980年9月10日，第五届全国人民代表大会第三次会议通过。

7. 《国务院关于修改〈中华人民共和国个人所得税法实施条例〉的决定》，2011年7月19日，中华人民共和国国务院令第600号。

8. 《财政部　国家税务总局关于调整个体工商户个人独资企业和合伙企业个人所得税税前扣除标准有关问题的通知》，2008年6月3日，财税［2008］65号。

9. 《关于个人股票期权所得征收个人所得税问题的通知》，2005年3月28日，财税［2005］35号。

10. 《国家税务总局关于调整个人取得全年一次性奖金等计算征收个

人所得税方法问题的通知》，2005 年 1 月 21 日，国税发［2005］9 号。

11.《财政部　国家税务总局　证监会关于个人转让上市公司限售股所得征收个人所得税有关问题的通知》，2009 年 12 月 31 日，财税［2009］167 号。

12.《国家税务总局关于企业年金个人所得税征收管理有关问题的通知》，2009 年 12 月 10 日，国税函［2009］694 号。

13.《国家税务总局关于个人转租房屋取得收入征收个人所得税问题的通知》，2009 年 11 月 18 日，国税函［2009］639 号。

14.《国家税务总局关于个人股票期权所得缴纳个人所得税有关问题的补充通知》，2009 年 8 月 24 日，国税函［2006］902 号。

15.《国家税务总局关于加强股权转让所得征收个人所得税管理的通知》，2009 年 5 月 28 日，国税函［2009］285 号。

16.《财政部　国家税务总局关于上市公司高管人员股票期权所得缴纳个人所得税有关问题的通知》，2009 年 5 月 4 日，财税［2009］40 号。

17.《财政部　国家税务总局关于股票增值权所得和限制性股票所得征收个人所得税有关问题的通知》，2009 年 1 月 7 日，财税［2009］5 号。

18.《国家税务总局关于印发〈境外所得个人所得税征收管理暂行办法〉的通知》，1998 年 8 月 12 日，国税发［1998］126 号。

19.《关于个人所得税若干政策问题的通知》，1994 年 5 月 13 日，财税字［1994］20 号。

20.《国家税务总局关于个人所得税若干政策问题的批复》，2002 年 7 月 12 日，国税函［2002］629 号。

21.《国家税务总局关于影视演职人员个人所得税问题的批复》，1997 年 6 月 27 日，国税函［1997］385 号。

22.《财政部　国家税务总局关于个人取得体育彩票中奖所得征免个人所得税问题的通知》，1998 年 4 月 27 日，财税字［1998］12 号。

23.《财政部　国家税务总局关于股息红利个人所得税有关政策的通知》，2005 年 6 月 13 日，财税［2005］102 号。

24.《财政部　国家税务总局关于对若干项目免征营业税的通知》，1994 年 3 月 29 日，财税字［1994］2 号。

25.《财政部　国家税务总局关于企业促销展业赠送礼品有关个人所

得税问题的通知》，2011 年 6 月 9 日，财税［2011］50 号。

26.《财政部　国家税务总局关于廉租住房经济适用住房和住房租赁有关税收政策的通知》，2008 年 3 月 3 日，财税［2008］24 号。

27.《国家税务总局关于明确个人所得税若干政策执行问题的通知》，2009 年 8 月 17 日，国税发［2009］121 号。

28.《国家税务总局关于调整个人取得全年一次性奖金等计算征收个人所得税方法问题的通知》，2005 年 1 月 21 日，国税发［2005］9 号。

29. 中华人民共和国个人所得税法，http：//www.110.com/。

30. 中华会计网校，http：//www.chinaacc.com/。

31. 中国税收筹划网，http：//www.ctaxplan.net。

32. 110 法律咨询网，http：//www.110.com/。

## 教师反馈及教辅申请表

北京大学出版社以"教材优先、学术为本、创建一流"为目标，主要为广大高等院校师生服务。为更有针对性地为广大教师服务，提升教学质量，在您确认将本书作为指定教材后，请您填好以下表格并经系主任签字盖章后寄回，我们将免费向您提供相应教辅资料。

| | | | |
|---|---|---|---|
| 书号/书名/作者 | | | |
| 您的姓名 | | | |
| 校/院/系 | | | |
| 您所讲授的课程名称 | | | |
| 每学期学生人数 | ________人 ________年级 | 学时 | |
| 您准备何时用此书授课 | | | |
| 您的联系地址 | | | |
| 邮政编码 | | 联系电话（必填） | |
| E-mail（必填） | | QQ | |
| 您对本书的建议: | | 系主任签字<br><br>盖章 | |

**我们的联系方式：**


北京大学出版社经济与管理图书事业部

北京市海淀区成府路 205 号，100871

联 系 人：徐 冰

电　　话：010-62767312 / 62757146

传　　真：010-62556201

电子邮件：em@pup.cn　　xubingjn@yahoo.com.cn

网　　址：http://www.pup.cn

微　　博：北大出版社经管图书，http://weibo.com/pupem